U0532843

精装珍藏版

大师国学课
哲学篇

冯友兰 等著

中国经济出版社
·北京·

图书在版编目（CIP）数据

大师国学课：精装珍藏版. 哲学篇／冯友兰等著.
北京：中国经济出版社，2024.11. --（中国文化经典大师说）. -- ISBN 978-7-5136-7927-5

Ⅰ. Z126-49

中国国家版本馆 CIP 数据核字第 2024C492S3 号

责任编辑	张　丽
特约策划	润墨文化
责任印制	马小宾
封面设计	平　平

出版发行	中国经济出版社
印 刷 者	北京鑫益晖印刷有限公司
经 销 者	各地新华书店
开　　本	880mm×1230mm　1/32
印　　张	8.25
字　　数	190 千字
版　　次	2024 年 11 月第 1 版
印　　次	2024 年 11 月第 1 次印刷
定　　价	68.00 元

广告经营许可证　京西工商广字第 8179 号

中国经济出版社 网址 http://epc.sinopec.com/epc/社址 北京市东城区安定门外大街 58 号 邮编 100011
本版图书如存在印装质量问题，请与本社销售中心联系调换（联系电话：010-57512564）

版权所有　盗版必究（举报电话：010-57512600）
国家版权局反盗版举报中心（举报电话：12390）　　服务热线：010-57512564

我们站立在高高的山巅,化身为一望无边的远景,
化成面前的广漠的平原,化成平原上交错的蹊径。
哪条路,哪道水,没有关联,
哪阵风,哪片云,没有呼应;
我们走过的城市、山川,都化成了我们的生命。
……
我们随着风吹,随着水流,
化成平原上交错的蹊径,化成蹊径上行人的生命。

——冯至

编者的话

这是一套面向年轻读者普及优秀国学文化的简明读本,涵盖中国传统文化各个方面,分为八册:国学篇、哲学篇、历史篇、美学篇、国文篇、读书与做人篇、诗词鉴赏篇、文字学启蒙篇。

本系列图书力求从前辈文化大师的经典文章中撷取精华,帮助读者在各个方面对中国文化有一个框架化的认识,并将大师们最富活力和创造力的知识与人生智慧应用于现代读者的日常生活、工作和学习之中。

更重要的是,这套书将带领读者穿越时间的阻隔,接续悠久而厚重的文明脉络,探寻中国人的文化基因,领略优雅、博大、充满思辨精神和生命智慧的传统文化之美……

因写作和出版时代较为久远,本书所选篇目中的一些遣词造句、古今人名、地名、译名等与现代通行出版规范有所不同,一些语法表述及标点符号的使用也有些微差异,为照顾现代读者的阅读体验,在编辑过程中有所改动,正文中不再注明,请读者予以谅解。

需要特别说明的是,本书所选作品,我们已经尽可能一一获取著作权。如存在因疏漏未取得著作权的情况,敬请相关权利人与我们联系,以便我们寄奉稿酬,并致谢忱!

目录 CONTENTS

001/ 哲学源流

003　何谓哲学——蔡元培

010　哲学与人生——胡　适

015　哲学的派别——章太炎

036　中国哲学发生的时代——胡　适

046　唯心哲学浅释——朱光潜

058　西洋哲学之情势——梁漱溟

063　民族哲学杂话——嵇文甫

096　人生三种问题——梁漱溟

098　人生的三路向——梁漱溟

101　中国形而上学的大意——梁漱溟

106　中国哲学和西洋哲学的比较研究——李石岑

132　清代思想发生的几个原因——李石岑

137/ 东方哲学

139 中国哲学的问题和精神——冯友兰

145 中国哲学的方法论——冯友兰

148 中国哲学家表述思想的方式——冯友兰

152 中国哲学中的"常"与"变"——冯友兰

155 中国文化的中心思想·性道合一论——钱　穆

170 佛教、道教与道学——冯友兰

176 禅家的哲理——李石岑

181 佛教略说——李石岑

190 禅宗要义——李石岑

213/ **生命哲学**

215 知命与努力——梁启超

224 从孩子得到的启示——丰子恺

227 我二十一岁那年——史铁生

242 我的轮椅——史铁生

250 说死说活——史铁生

哲学源流

何谓哲学

蔡元培

哲学的定义

哲学是希腊文 Philosophia 的译语。这个字是合 Philos 和 Sophia 而成的，Philos 是爱，Sophia 是智，合起来是爱智的意思。所以哲学家并不自以为智者，而仅仅自居于求智者。他们所求的智，又不是限于一物一事的知识，而是普遍的。

若要寻一个我国用过的名词，以"道学"为最合。《韩非子·解老》篇说："凡物之有形者，易裁也，易割也。何以论之？有形则有短长，有短长则有小大，有小大则有方圆，有方圆则有坚脆，有坚脆则有轻重，有轻重则有白黑。短长、大小、方圆、坚脆、轻重、白黑之谓理。"又说："凡理者，方圆、短长、粗靡、坚脆之分也；故理定而后可道也。理定，有存亡，有死生，有盛衰。夫物之一存一亡，乍死乍生，初盛而后衰者，不可谓常。唯夫与天地之剖判也俱生，至天地之消灭也不死不衰者谓常。而常者无攸易，无定理。无定理，非在于常所，是以不可道也。圣人执其玄虚，用其周行，强字之曰道。"又说："万物各异理，而道盖稽万物之理。""理者，成物之文也；道者，万物之所以成也。"

他所说的理，是有长广厚可以度，有轻重可以权，有坚度感到肤觉，有光与色感到视觉，而且有存亡死生盛衰的变迁可以记述，这不但是属于数学、物理学、化学、天文学、地质学等的无机物，而且属于生物学的有机物也在其内；并且有事实可求、有统计可考的社会科学，或名作文化科学的，也在其内。所以理学可以包括一切科学的内容。

至于他所说的道，是"尽稽万理""所以成万物"的，就是把各种科学所求出来的公例，从新考核一番，去掉它们互相冲突的缺点，串成统一的原理。这正是哲学的任务。

他又说是"不死不衰"的，这就是"无穷""不灭"的境界，正是哲学所求的对象。他又说："圣人执其玄虚，用其周行。"哲学理论方面所求的是"形而上"，是"绝对"，所以说是"玄虚"。他的实际方面是一切善与美的价值所取决，所以说是"周行"。所以他所说的道，是哲学的内容。

但是宋以后，道学、理学，名异实同，还不如用哲学的译名，容易了解。

哲学的沿革

最早的哲学，寄托在神话里面。我们古代的神话，要解说天地万物生的原因，就说是有一个盘古，开辟天地；死后，骨为山岳，血为河海，眼为日月，毛发为草木，身之诸虫为动物。要解说民族中有体力智力俊异的少数人，就说是上帝感生的。印度人说梵天产生一切，希伯来人说上帝创世，都是这一类。后来有一类人，在人事上有一点经验，要借神话的力量来约束人，所以摩西说在西奈山受"十诫"；我们的古书也说天命有德，天讨有罪。这些话，是用宗教寄托哲学，来替代神话的时代。这时候的宗教家，是一切知识行为的总管。但看我们自算学、天文学、医学以至神仙、方技与道家的哲学，都是推原黄帝；印度的祭司、学者、诗人，均属于婆罗门一阶级，就可证明。

但是宗教以信仰为主，他所凭为信仰的传说，不但不许人反对，并且不许人质问。然而这些传说，虽说是上帝或天使所给，这不过一种神道设教的托词，或是积思以后的幻相。如《管子》所说"思之思之，鬼神通之"，及后世文人所说"若有神助"之类，实际上是几个较为智慧的人凭着少数经验与个人思索构造出来的，怎么能长久的范围多数人心境，叫他不敢跳出去呢？所以宗教盛行以后，一定有人怀疑。怀疑了，就凭着较多的经验，较深的思索，来别出一种解说。这就是哲学的起源。

哲学是从怀疑起来的，所以哲学家所得的解说，绝不禁人怀疑。而同时怀疑的，也绝不止他一人，就各有各的解说。我们自老子首先开放，便有孔、墨等不同的学说接踵而起。希腊自泰利士（泰勒斯）创说万物原（元）素，就有安纳西门特、安纳西米尼斯等不同的学说接踵而起。这就可以看出哲学与宗教不同的要点。但哲学的性质虽与宗教不同，而在科学没有成立的时代，它也有包办一切知识（关于行为的知识，也在其内）的任务。它的范围，竟与宗教相等。所以哲学常常与宗教相参杂。老子的学说，被神仙家利用而为道教；孔子的学说，被董仲舒等利用而为儒教。希腊柏拉图学说被基督教利用而为近于宗教的新派；亚利士多德（今译亚里士多德）学说在欧洲中古时代，完全隶属于基督教麾下。这全是因为科学没有发展的缘故。

欧洲的哲学，托始于希腊人。希腊人是最爱自然、最尚自由的民族。所以泰利士的哲学，就注意于宇宙观，而主万物皆源于水说。其后安纳西门特即改为无定质说。安纳西米尼斯又改为出于气说。而毕泰哥拉（今译毕达哥拉斯）又主万有皆数说。希拉克里泰（今译赫拉克利特）主万有皆出于火说。恩比多立主火、气、水、土四原素说。安纳撒哥拉斯又说以无数性质不同的原素。看出他们的注意点全在自然界，而且各有各的见解，绝不为一先生之说所限定。后来经过哲人派与苏格拉底、柏拉图等切近人事的哲学，但一到亚利士多德（今译亚里士多德），就因旅行上随地考察的结果，遂于道德、政治、文学，玄学诸问题外，建设伦理学，而且博涉物理、动物、植物学等问题。

虽在经院哲学时代，亚氏所建设的科学，仍为教会所利用；然文艺中兴以后，欧人爱好自然的兴会，重行恢复，遂因考察、试验的功效，而各种包含于哲学的问题，渐渐自成为一种系统的知识，而建设为实证的科学。其初是自然科学，后又应用自然科学的方法于社会科学，而社会学、经济学、心理学等，均脱离哲学而成为独立的科学；近且教育学、美学等亦有根据实证的方法，而建设科学的倾向。一方面，科学家所求出的方法与公例，都可以作哲学的旁证；一方面又因哲学的范围逐渐减小，哲学家的研究，特别专精，遂得逐渐深密。所以欧洲哲学的进步，得科学的助力不少。

我们古代哲学家，用天、地、水、火、雷、风、山、泽八科卦象，说明万有；后来又有用水、火、木、金、土五行的一说。并非不注意于自然现象。但自五行说战胜八卦说以后，就统宰一切，用以说明天文，说明灾异，说明病理药物，说明政制，说明道德，遂不觉得有别种新说的必要。最早的哲学家老子，是专从玄学的原理，应用到人事。孔子虽号为博物，然而教人的学问，止（只）有德行、政治、言语、文学等科；农圃等术，自称不如老农、老圃；读诗，又但言"多识鸟兽草木之名"，可以看出对于自然界的淡漠。

只有墨子于讲兼爱、尚贤以外，尚有关乎力学、光学的说明，或可推为我国的亚利士多德。然自孔学独尊以后，墨学中断。虽在五代时尚有墨子化金术的假托，但并不能有功于学术。因为孔学淡漠自然的关系，所以汉以后学者从没有建设科学的志愿。陆、王一派，偏于唯心主义，阳明（王守仁）至有格竹七日而病之说，固不待言。朱考亭（朱熹）一派，以即物穷理说格物，对于自然现象及动植物等，也曾多方的试为解说，而终没有引入科学的门径。

在欧洲因有古代炼金术而演成化学，我国也有《淮南子》《抱朴子》等炼丹术，而没有产出化学的机会；欧洲因有医药术，而产出生理、地质、植物、动物等学，我国也有《铜人图》《本草》等，而没有产出生理、生物等学的机会。所以我国的哲学，没有科学作前提，永远以"圣言量"为标准，而不能出烦琐哲学的范围。我们现在要说哲学纲要，不能不完全采用欧洲学说。

哲学的部类

哲学与科学，不是对待的，而是演进的。起初由哲学家发出假定的理论，再用观察试验或统计来考核他；考核之后，果然到处可通，然后定为公例。一层一层的公例，依着系统编制起来，就是科学。但是科学的对象，还有观察试验或统计所无从着手，而人的思想又不能不到的，于是又演出假定的理论。这就是科学的哲学。

例如数学的哲学（共学社译有罗素《算理哲学》）、物理的哲学（牛顿与安斯坦的著作等）、生物学的哲学（达尔文、海克尔著作等）、法律哲学、宗教哲学等……再进一步，举自然科学与其他一切科学的理论统统贯串起来，如孔德（康德）的《实证哲学》（ Philosophie de Positive ）、斯宾塞之《综合哲学原理》（ A System of Synthesis Philosophy ）等，就是守定这个范围的。

但是，人类自有一种超乎实证的世界观与人生观的要求，不能对实证哲学而感为满足。又人类自有对于不可知而试为可知的要求，不能对不可知论而感为满足。于是更进一步为形而上学，即玄学（Metaphysics）。

古代的玄学，是包含科学的对象，一切用演绎法来武断的。现代的玄学，是把可以归纳而得的学理都让给科学了。又根据这些归纳而得的学理，更进一步，到不能用归纳法的境界，用思索求出理论来；而所求出的理论，若演绎到实证界的对象，还是要与科学家所得的公理，不相冲突的。厉希脱尔说："正确的判断，在思索与经验相应。"就是此意。

所以专治一科学的人,说玄学为无用,不过自表他没有特别求智的欲望,可以听其自由。若是研究玄学的人,说玄学与科学可以不生关系,就不是现代玄学家的态度。

哲学与人生

胡 适

前次承贵会邀我演讲关于佛学的问题,我因为对于佛学没有充分的研究,拿浅薄的学识来演讲这一类的问题,未免不配;所以现在讲"哲学与人生",希望对于佛学也许可以贡献点参考。不过我所讲的许多地方和佛家意见不合,佛学会的诸君态度很公开,大约能够容纳我的意见的!讲到"哲学与人生",我们必先研究它的定义:什么叫哲学?什么叫人生?然后才知道他们的关系。

我们先说人生。这六月来,国内思想界,不是有玄学与科学的笔战吗?国内思想界的老将吴稚晖先生,就在《太平洋杂志》上发表一篇《一个新信仰的宇宙观及人生观》。其中下了一个人生定义。他说:"人是哺乳动物中的有二手二足用脑的动物。"人生即是这种动物所演的戏剧,这种动物在演时,就有人生;停演时就没人生。所谓人生观,就是演时对于所演之态度,譬如,有的喜唱花面,有的喜唱老生,有的喜唱小生,有的喜摇旗呐喊;凡此种种两脚两手在演戏的态度,就是人生观。不过单是登台演剧，红进绿出，有何意义？想到这层，就发生哲学问题。

哲学的定义，我们常在各种哲学书籍上见到，不过我们尚有再找一个定义的必要。我在《中国哲学史大纲》（上卷）上所下的哲学定义说："哲学是研究人生切要的问题，从根本上着想，去找根本的解决。"但是根本两字意义欠明，现在略加修改，重新下了一个定义说："哲学是研究人生切要的问题，从意义上着想，去找一个比较可普遍适用的意义。"

现在举两个例来说明它，要晓得哲学的起点是由于人生切要的问题，哲学的结果，是对于人生的适用。人生离开哲学，是无意义的人生；哲学离了人生，是想入非非的哲学。现在哲学家多凭空臆说，离得人生问题太远，真是上穷碧落，愈闹愈糟！

现在且说第一个例：二千五百年前在喜马拉雅山南部有一个小国——迦叶里，街上倒卧着一个病势垂危的老丐，当时有一个王太子经过，在别人看到，将这老丐赶开，或是毫不经意的走过去了；但是那王太子是赋有哲学的天才的人，他就想人为什么逃不出老、病、死，这三个大关头，因此他就弃了他的太子爵位、妻孥、便嬖、皇宫、财货，遁迹入山，去静想人生的意义。后来忽然在树下想到一个解决：就是将人生一切问题拿主观去看，假定一切多是空的，那么，老、病、死，就不成问题了。这种哲学的合理与否，姑不具论，但是那太子的确是研究人生切要的问题，从意义上着想去找他以为比较普遍适用的意义。

我们再举一个例：譬如我们睡到夜半醒来，听见贼来偷东西，我那就将他捉住，送县究办。假如我们没有哲性，就这么了事，再想不到"人为什么要作贼"等等的问题，或者那贼竟苦苦哀求起来，说他所以作贼的缘故，因为母老、妻病、子女待哺，无处谋生，迫于不得已而为之，假如没哲性的人，对于这种吁求，也不见有甚良心上的反动。至于富于哲性的人就要问了，为什么不得已而为之？天下不得已而为之的事有多少？为什么社会没得给他做工？为什么子女这样多？为什么老病死？这种偷窃的行为，是由于社会的驱策，还是由于个人的堕落？为什么不给穷人偷？为什么他没有我有？他没有我有是否应该？拿这种问题，逐一推思下去，就成为哲学。由此，哲学是由小事放大，从意义着想而得来的，并非空说高谈能够了解的。推论到宗教哲学、政治哲学、社会哲学等，也无非多从活的人生问题推衍阐明出来的。

我们既晓得什么叫人生，什么叫哲学，而且略会看到两者的关系，现在再去看意义在人生占的什么地位？现在一般的人饱食终日，无所用心。思想差不多是社会的奢侈品。他们看人生种种事实，和乡下人到城里来看见五光十色的电灯一样。只看到事实的表面，而不了解事实的意义。因为不能了解意义的缘故，所以连事实也不能了解了。这样说来，人生对于意义，极有需要，不知道意义，人生是不能了解的。宋朝朱子这班人，终日对物格物，终于找不到着落，就是不从意义上着想的缘故。又如平常人看见病人种种病，他单看见那些事实而不知道那些事实的意义，所以莫名其妙。至于这些病象一到医生眼里，就能对症下药，因为医生不单看病象，还要晓得病象的意义和缘故。因此，了解人生不单靠事实，还要知道意义！

那么，意义又从何来呢？有人说：意义有两种来源，一种是从积累得来，是愚人取得意义的方法；一种是由直觉得来，是大智取得意义的方法。积累的方法，是走笨路；用直觉的方法是走捷径。据我看来，欲求意义唯一的方法，只有走笨路，就是日积月累的去做刻苦的功夫，直觉不过是熟能生巧的结果，所以直觉是积累最后的境界，而不是豁然贯通的。大发明家爱迪生有一次演说，他说：天才百分之九十九是汗，百分之一是神，可见得天才是下了番苦功才能得来，不出汗绝不会出神的。所以有人应付环境觉得难，有人觉得易，就是日积月累的意义多寡而已。哲学家并不是什么，只是对人生所得的意义多点罢了。

欲得人生的意义，自然要研究哲学，去参考已往的死的哲理。不过还有比较更重要的，是注意现在的活的人生问题，这就是做人应有的态度。现在我举两个模范的大哲学家来做我的结论，这两大哲学家一个是古代的苏格拉底，一个是现代的笛卡尔（今译笛卡儿）。

苏格拉底是希腊的穷人，他觉得人生醉生梦死，毫无意义，因此到公共市场，见人就盘问，想借此得到人生的解决。有一次，他碰到一个人去打官司，他就问他，为什么要打官司？那人答道，为公理。他复问道，什么叫公理？那人便瞠目结舌不能作答。苏氏笑道：我知道我不知，却不知道你不知呵！后来又有一个人告他的父亲不信国教，他又去盘问，那人又被问住了。因此希腊人多恨他，告他两大罪，说他不信国教，带坏少年，政府就判他的死刑。他走出来的时候，对告他的人说："未经考察过的生活，是不值得活的。你们走你们的路，我走我的路罢！"后来他就从容就刑，为找寻人生的意义而牺牲他的生命。

笛卡尔旅行的结果，觉到在此国以为神圣的事，在他国却视为下贱；在此国以为大逆不道的事，在别国却奉为天经地义，因此他觉悟到贵贱善恶是因时因地而不同的。他以为从前积下来的许多观念知识是不可靠的，因为它们多是趁他思想幼稚的时候侵入来的。如若欲过理性的生活，必得将从前积得的知识，一件一件用怀疑的态度去评估它们的价值，重新建设一个理性的是非。这怀疑的态度，就是他对于人生与哲学的贡献。

现在诸君研究佛学，也应当用怀疑的态度去找出它的意义，是否真正比较地普遍适用？诸君不要怕，真有价值的东西，绝不为怀疑所毁，而能被怀疑所毁的东西，绝不会真有价值。我希望诸君实行笛卡尔的怀疑态度，牢记苏格拉底所说的"未经考察过的生活，是不值得活的"这句话。那么，对于明阐哲学，了解人生，不觉其难了。

哲学的派别

章太炎

"哲学"一名词,已为一般人所通用,其实不甚精当。"哲"训作"知","哲学"是求知的学问,未免太浅狭了。不过习惯相承,也难一时改换,并且也很难得一比此更精当的。南北朝号"哲学"为"玄学",但当时"玄""儒""史""文"四者并称,"玄学"别"儒"而独立,也未可用以代"哲学"。至宋人所谓"道学"和"理学"是当时专门名辞,也不十分适用。今姑且用"哲学"二字罢。

一、先秦诸子

讨论哲学的,在国学以子部为最多,经部中虽有极少部分与哲学有关,但大部分是为别种目的而作的。以《易》而论,看起来像是讨论哲学的书,其实是古代社会学,只《系辞》中谈些哲理罢了。《论语》,后人称之为"经",在当时也只算是子书。此书半是"伦理道德学",半是论哲理的。"九流"的成立,也不过适应当时需求,其中若"纵横家"是政客的技术,"阴阳家"是荒谬的迷信,"农家"是种植的技艺,"杂家"是杂乱的主张,都和哲学无关。至和哲学最有关系的,要算儒、道二家,其他要算"法家""墨家""名家"了。

"道家"出于史官,和《易》相同。老、庄二子的主张,都和哲学有牵涉的。管子也是道家,也有小部分是和哲学有关的。儒家除《论语》一书外,还有《孟子》《荀子》都曾谈谈哲理。"名家"是治"正名定分之学",就是现代的伦理学,可算是哲学的一部分。尹文子、公孙龙子和庄子所称述的惠子,都是治这种学问的。惠子和公孙龙子主用奇怪的论调,务使人为我所驳倒,就是希腊所谓"诡辩学派"。《荀子·正名篇》研究"名学"也很精当。墨子本为宗教家,但《经上》《经下》二篇,是极好的名学。法家本为应用的;而韩非子治法家之学,自谓出于老子,他有《解老》《喻老》二篇,太史公也把他和老、庄合传,其中有一部分也有关哲理的。儒家、道家和法家的不同,就在出发点上;儒、道二家是以哲理为基本而推衍到政治和道德的,法家是旁及哲理罢了。他如宋钘(宋荣子),《汉书·艺文志》把他归在小说家,其实却有哲理的见解。庄子推宋钘为一家,《荀子·解蔽篇》驳宋钘的话很多,想宋钘的主张在当时很流行,他是主张非兵的。宋钘所以算作小说家,因为他和别家不同;别家是用高深的学理和门人研究,他是逢人便说,陈义很浅的。

周秦诸子,道、儒两家所见独到。这两家本是同源,后来才分离的。《史记》载孔子受业于徵藏史,已可见孔子学说的渊源。老子道德的根本主张,是"上德不德",就是无道德可见,才可谓之为真道德。孔子的道德主张，也和这种差不多。就是孟子所谓"由仁义行，非行仁义也"，也和老子主张一样的。道、儒两家的政治主张，略有异同：道家范围大，对于一切破除净尽；儒家范围狭小，对于现行制度尚是虚与委蛇；也可以说是"其殊在量，非在质也"。老子为久远计，并且他没有一些名利观念，所以敢放胆说出；孔子急急要想做官，竟是"三月无君，则皇皇如也"，如何敢放胆说话呢！

儒家之学，在《韩非子·显学篇》说是"儒分为八"，有所谓颜氏之儒。颜回是孔子极得意门生，曾承孔子许多赞美，当然有特别造就。但孟子和荀子是儒家，记载颜子的话很少，并且很浅薄。《庄子》载孔子和颜回的谈论却很多。可见颜氏的学问，儒家没曾传，反传于道家了。庄子有极赞孔子处，也有极诽谤孔子处，对于颜回，只有赞无议，可见庄子对于颜回是极佩服的。庄子所以连孔子要加抨击，也因战国时学者托于孔子的很多，不如把孔子也驳斥，免得他们借孔子作护符。

照这样看来，道家传于孔子为儒家；孔子传颜回，再传至庄子，又入道家了。至韩退之以庄子为子夏门人，因此说庄子也是儒家。这是"率尔之论，未尝订入实录"。他因为庄子曾称田子方，遂谓子方是庄子的先生。那么，《让王篇》也曾举曾原、则阳、无鬼、庚桑诸子，也都列名在篇目，都可算作庄子的先生吗？

孟子，《史记》说他是"受业子思之门"。宋人说子思是出于曾子之门，这是臆测之词，古无此说。《中庸》中虽曾引曾子的话，也不能断定子思是出于曾子的。至谓《大学》是曾子所作，也是宋人杜撰，不可信的。子思在《中庸》所主张，确含神道设教的意味，颇近宗教；《孟子》却一些也没有。《荀子·非十二子篇》对于子思、孟子均有诽议，说他们是信仰五行的。孟子信五行之说，今已无证据可考，或者外篇已失，内篇原是没有这种论调的。子思在《礼记》中确已讲过五行的话。

荀子的学问，究源出何人，古无定论。他尝称仲尼、子弓。子弓是谁，我们无从考出。有人说：子弓就是子张。子张在孔子门人中不算卓异的人才，如何会是他呢？今人考出子弓就是仲弓，这也有理。仲弓的学问，也为孔子所赞许，造就当有可观。郑康成（郑玄）《六艺论》，说仲弓是编辑《论语》的。而《荀子》一书，体裁也是仿效《论语》的，《论语》以《学而》始，以《尧曰》终；《荀子》也以《劝学》始，以《尧问》终；其中岂非有蛛丝马迹可寻吗？

荀子和孟子虽是都称儒家，而两人学问的来源大不同。荀子是精于制度典章之学，所以"隆礼仪而杀《诗》《书》"，他书中的《王制》《礼论》《乐论》等篇，可推独步。孟子通古今，长于《诗》《书》，而于礼甚疏；他讲王政，讲来讲去，只有"五亩之宅，树之以桑"；"鸡豚狗彘之畜，无失其时"；"百亩之田，勿夺其时"等话，简陋不堪，哪能及荀子的博大！但孟子讲诗书，的确好极，他的小学也很精，他所说"庠者，养也；洚水者，洪水也；畜君者，好君也"等等，真可冠绝当代！

由他们两人根本学问的不同，所以产生"性善""性恶"两大反对的主张。在荀子主礼仪，礼仪多由人为的，因此说人性本恶，经了人为，乃走上善的路。在孟子是主《诗》《书》，《诗》

是陶淑性情的，《书》是养成才气的，感情和才气都自天然，所以认定人性本善的。两家的高下，原难以判定。韩退之以大醇小疵定之，可谓鄙陋之见。实在汉代治儒家之学，没有能及荀、孟两家了。

告子，庄子说他是兼学儒、墨，孟子和他有辩驳，墨子也排斥他的"仁内义外"的主张。墨孟去近百年，告子如何能并见？或者当时学问是世代相传的。告子的"生之为性，无善无不善"的主张，看起来比荀、孟都高一着。荀、孟是以所学定其主张，告子是超乎所学而出主张的。告子口才不及孟子，因此被孟子立刻驳倒。其实，孟子把"犬之性犹牛之性，牛之性犹人之性与"一语难告子，告子也何妨说"生之为性，犬之生犹牛之生，牛之生犹人之生"呢？考"性"亦可训作"生"，古人所谓"毁不灭性"的"性"字，就是"生"的意义。并且我们也常说"性命"一语呢！

道家的庄子以时代论，比荀子早些，和孟子同时，终没曾见过一面。庄子是宋人，宋和梁接近，庄子和惠子往来。惠子又为梁相，孟子在梁颇久，本有会面的机会，但孟子本性不欢喜和人家往来，彼此学问又不同，就不会见了。

庄子自以为和老子不同，《天下篇》是偏于孔子的。但庄子的根本学说，和老子相去不远。不过老子的主张，使人不容易捉摸，庄子的主张比较的容易明白些。庄子的根本主张，就是"自由""平等"，"自由平等"的愿望，是人类所共同的，无论哪一种宗教，也都标出这四个字。自由平等见于佛经。"自由"，在佛经称为"自在"。庄子发明自由平等之义，在《逍遥游》《齐物论》二篇。"逍遥游"者,自由也,"齐物论"者,平等也。但庄子的自由平等,和近人所称的,又有些不同。

近人所谓"自由",是在人和人的当中发生的,我不应侵犯人的自由,人亦不应侵犯我的自由。《逍遥游》所谓"自由",是归根结底到"无待"两字。他以为人与人之间的自由,不能算数;在饥来想吃、寒来想衣的时候,就不自由了。就是列子御风而行,大鹏自北冥徙南冥,皆有待于风,也不能算"自由"。真自由唯有"无待"才可以做到。近人所谓平等,是指人和人的平等,那人和禽兽草木之间,还是不平等的。佛法中所谓平等,已把人和禽兽平等。庄子却更进一步,与物都平等了。仅是平等,他还以为未足。他以为"是非之心存焉",尚是不平等,必要去是非之心,才是平等。庄子临死有"以不平平,其平也不平"一语,是他平等的注脚。

庄子要求平等自由,既如上述。如何而能达到平等自由,他的话很多,差不多和佛法相近。《庄子·庚桑楚篇》,朱文公说他全是禅(宋人凡关于佛法,皆称为"禅"),实在《庚桑楚篇》和"禅"尚有别,和"佛法"真很近了。庄子说"灵台者有持",就是佛法的"阿陀那识","阿陀那"意即"持"。我们申而言之,可以说,眼目口鼻所以能运动自由,都有"持之者",即谓"持生之本也"。庄子又有《德充符篇》,其中有王骀者,并由仲尼称述他的主张。是否有此人,原不可知,或是庄子所假托的。我们就常季所称述"彼为己,以其知得其心;以其心得其常心"等语,是和佛法又相同的。"知"就是"意识","心"就是"阿陀那识",或称"阿赖耶识",简单说起来就是

"我";"常心"就是"庵摩那识",或称"真如心",就是"不生不灭之心"。

佛家主张打破"阿赖耶识",以求"庵摩那识"。因为"阿赖耶识"存在,人总有妄想苦恼,唯能打破生命之现象,那"不生不灭之心"才出现。庄子求常心,也是此理。他也以为常心是非寻常所能知道的。庄子"无我"的主张,也和佛法相同。庄子的"无我"和孔子的"毋我"、颜子的"克己复礼"也相同,即一己与万物同化,今人所谓融"小我"于"大我"之中。这种高深主张,孟、荀见不到此,原来孔子也只推许颜回是悟此道的。所以庄子面目上是道家,也可说是儒家。

自孔子至战国,其间学说纷起,都有精辟的见解,真是可以使我们景仰的。

二、汉至唐的演变

战国处士横议,秦始皇所最愤恨,就下焚书坑儒等凶辣手段。汉初虽有人治经学,对于"九流",依旧怀恨,差不多和现在一般人切齿政客一般。汉武帝时,学校只许读经学,排斥诸子百家了。

汉初经学,一无可取,像董仲舒、公孙弘辈,在当时要算通博之儒,其他更何足论!西汉一代,对于哲理有精深研究的,只有扬雄一人。韩退之(韩愈)把荀、扬并称,推尊他已达极点。实在扬雄的学说,和荀、孟相差已多;秦汉以后的儒家,原没有及荀、孟的。不过扬雄在当时自有相当的地位和价值。西汉学者迷信极重,扬雄能够不染积习,已是高人一着。他的《法言》,

全仿《论语》，连句调都有些模拟，但终究不及荀子。宋人说"荀子才高，扬子才短"，可称定评。

东汉学者迷信渐除，而哲理方面的发现仍是很少，儒家在此时渐出，王符《潜夫论》、王充《论衡》，可称为卓异的著述。王符专讲政治，和哲理无关。王充（也有归入杂家的）在《论衡》中几于无迷不破，《龙虚》《雷虚》《福虚》等篇，真是独具只眼。他的思想锐敏已极，但未免过分，《问孔》《刺孟》等篇有些过当之处。他又因才高不遇，命运一端总看不破，也是遗恨。王充破迷信高出扬雄之上，扬雄新见解也出王充之上，这两人在两汉是前后辉映的。

汉人通经致用，最为曹操所不欢喜；他用移风易俗的方法，把学者都赶到吟咏一途，因此三国的诗歌，很有声色。这是曹操手段高出秦始皇处。

魏晋两朝，变乱很多，大家都感着痛苦，厌世主义因此产生。当时儒家迂腐为人所厌，魏文帝辈又欢喜援引尧、舜，竟要说"舜、禹之事，吾知之矣"。所以，"竹林七贤"便"非尧、舜，薄汤、武"了。七贤中嵇康、阮籍辈的主张和哲学没有关系，只何晏、王弼的主张含些哲学。何晏说"圣人无情"，王弼说"圣人茂于人者神明，同于人者五情"，这是两个重要的见解。郭象承何晏之说以解《庄子》，他说："子哭之恸，在孔子也不过人哭亦哭，并非有情的。"据他的见解，圣人竟是木头一般了。佛法中有"大乘""小乘"，习"小乘"成功，人也就麻木；习"大乘"未达到成佛的地位，依旧有七情的。

自魏晋至六朝，其间佛法入中国，当时治经者极少，远公

（晋释慧远）是治经的大师。他非但有功佛法，并且讲《毛诗》、讲《仪礼》极精，后来治经者差不多都是他的弟子。佛法入中国，所以为一般人所信仰，是有极大原因：学者对于儒家觉得太浅薄，因此弃儒习老、庄，而老、庄之学又太无礼法规则，彼此都感受不安。佛法合乎老、庄，又不猖狂，适合脾胃，大家认为非此无可求了。当时《弘明集》治沸法，多取佛法和老、庄相引证。才高的人，都归入此道，猖狂之风渐熄。

历观中国古代，在太平安宁之时，治哲学的极少，等到乱世，才有人研究。隋唐统一天下，讲哲理的只有和尚，并且门户之见很深，和儒家更不相容。唐代读书人极不愿意研究，才高的都出家做和尚去。我们在这一代中，只能在文人中指出三人，（一）韩昌黎，（二）柳子厚，（三）李翱。

韩昌黎见道不明，《原道》一篇，对于释、老只有武断的驳斥。柳子厚较韩稍高，他以为天是无知的。李翱（韩昌黎的侄亲）是最有学识的文人，他著《复性篇》说，"斋戒其心，未离乎情；知本无所思，则动静皆离"，和禅宗很近了。李后来事药山，韩后来事大颠，李和药山是意气相投，韩贬潮州以后，意气颓唐，不得已而习佛法的。韩习佛法，外面还不肯直认，和朋友通信，还说佛法外形骸是他所同意的。儒家为自己的体面计，往往讳言韩事大颠，岂不可笑！实在韩自贬潮州以后，人格就堕落，上表请封禅，就是献媚之举，和扬雄献《符命》有什么区别呢？大颠对于韩请封禅一事，曾说："疮痍未起，安请封禅！"韩的内幕又被揭穿，所以韩对于大颠从而不敢违。韩对于死生利禄之念，刻刻不忘：登华山大哭，作《送穷文》，是真正的证据。

韩、柳、李而外，王维、白居易也信佛，但主张难以考见，因为他们不说出的。

三、宋明理学

七国、六朝之乱，是上流社会的争夺。五代之乱，是下流社会崛起，所以五代学术衰微极了。宋初，赵普、李沆辈也称知理之人，赵普并且自夸"半部《论语》治天下"，那时说不到哲理。后来周敦颐出，才辟出哲理的新境域。在周以前有僧契嵩，著有《镡津文集》，劝人读《中庸》《文中子》《扬子法言》等书，是宋学的渊源。周从僧寿崖，寿崖劝周只要改头换面，所以周所著《太极图说》《周子通书》，只皮相是儒家罢了。周的学说很圆滑，不易捉摸，和《老子》一般，他对二程只说"寻孔、颜乐处"。他终身寡言，自己不曾标榜，也可以说是道学以外的人。

二程都是周的弟子，对于"寻孔、颜乐处"一话，恐怕只有程明道能做到。明道（程颢）对人和颜悦色，无事如泥木人，他所著《定性篇》《识仁篇》，和李翱相近。他说"不要方检穷索"，又说："与其是外而非内，不如内外两忘"，见解是很精辟的。伊川（程颐）陈义虽高，但他自尊自大，很多自以为是之处，恐怕不见得能得孔、颜乐处。邵康节以"生姜树头生"一语讥伊川，就是说他自信过甚。

邵康节（邵雍）本为阴阳家，不能说是儒家，他的学问自陈抟传来，有几分近墨子。张横渠（张载）外守礼仪颇近儒，学问却同于回教：佛家有"见病"一义，就是说一切所见都是眼病。张对此极力推翻，他是主张一切都是实有的。考回纥自唐代入中国，奉摩尼教，教义和回教相近；景教在唐也已入中国，如清虚一大为天，也和回教相同。张子或许是从回教求得的。

北宋诸学者，周子（周敦颐）浑然元气，邵子（邵雍）迷于五行，张子（张载）偏于执拗，二程（程颢、程颐）以明道为精深，伊川殊欠涵养，这是我的判断。

南宋，永嘉派承二程之学，专讲政治，金华派吕东莱辈，专讲掌故，和哲理无关。朱文公（朱熹）师事延平（李侗），承"默坐证心，体认天理"八字的师训。我们在此先把"天理"下一定义。"天"就是"自然"，"天理"就是"自然之理"，朱文公终身对于天理，总没曾体认出来；生平的主张，晚年又悔悟了。陆象山（陆九渊）和朱相反对，朱是揭"道学问"一义，陆是揭"尊德性"一义。比较起来，陆高于朱，陆"先立乎其大者"，谓"六经注我，我不注六经"，是主张一切皆出自心的。朱主张"无极太极"，陆则以为只有"太极"，并无"无极"的。

两人通信辩论很多，虽未至诋毁的地步，但悻悻之气，已现于词句间。可见两人的修养都没有功夫。陆象山评二程，谓"明道尚疏通，伊川锢蔽生"，实在朱、陆的锢蔽，比伊川更深呢。朱时守时变，陆是一生不变的。王荆公（王安石）为宋人所最嫉恶，唯陆以与王同为江西人，所以极力称颂，也可见他的意气了。明王阳明之学，本高出陆象山之上，因为不敢自我作古，要攻评朱文公，不得不攀附于陆象山了。

陆象山的学生杨慈湖（杨简），见解也比陆高，他所著的《绝四记》《己易》二书，原无甚精彩，《己易》中仍是陆氏的主张。但杨氏驳孟子"求放心"和《大学》"正心"的主张说：

"心本不邪安用正，心不放安用求。"确是朱、陆所见不到的。黄佐（广东人）指杨氏的学说，是剽窃六祖慧能的主张，六祖的"菩提本非树，明镜亦非台，本来无一物，何处染尘埃"一偈，确是和杨氏的主张一样的。

宋代的哲学，总括说起来：北宋不露锋芒，南宋锋芒太露了。这或者和南北地方的性格有关。

南宋，朱、陆两派可称是旗鼓相当。陆后传至杨慈湖，学说是更高一步。在江西，陆的学说很流行，浙西也有信仰他的，朱的学说，在福建很流行，后来金华学派归附于他，浙东士子对朱很有信仰。

元朝，陆派的名儒要推吴澄（草庐），但其见解不甚高。朱派仅有金华派传他的学说，金履祥（仁山）、王柏（会之）、许谦（白云）是这一派的巨擘。金履祥偶亦说经，立论却也平庸。许谦也不过如此。王柏和朱很接近，荒谬之处也很多，他竟自删《诗》了。

金华派传至明初，宋濂承其学，也只能说他是博览，于"经"于"理"都没有什么表见。宋之弟子方孝孺（正学）对于理学很少说，灭族以后，金华派也就式微。明初，陆派很不流行，已散漫不能成派，这也因明太祖尊朱太过之故。明自永乐后，学者自有研究，和朱、陆都不相同，学说也各有建树。

永乐时，薛、吴二人，颇有研究，立明代哲学之基。薛瑄（敬轩），陕西人，立论很平正，和朱文公颇相近。明人因为于谦被杀时，他居宰辅地位，不能匡救，很有微词，并且因此轻视他。吴与弼（康斋），家居躬耕，读书虽少，能主苦学力行，很为人所推重，后来他由石亨推荐出仕，对石亨称门下士，士流又引以为耻。

薛的学问很少流传，吴的学问流传较广，胡居仁、娄谅和陈献章三人，是他的学生。胡自己没有什么新的发明，明人对他也没有反对。娄的著作后来烧毁净尽，已无可考，不过王阳明是他的学生。陈在胡死后才著名，时人称为白沙先生。

明代学者和宋儒厘然独立，自成系统。自陈白沙始，宋人欢喜著书，并且有"语录"之类。陈白沙认著书为无谓，生平只有诗和序跋之类。他的性质，也和别人不同。初时在阳春坛静坐三年，后来只是游山赋诗，弟子从学也只有跟他游山。陈生平所最佩服的，只是"浴乎沂，风乎舞雩，咏而归……吾与点也"这些话。对于宋儒都不看重，就是明道也不甚推重。他自以为濂溪（周敦颐）嫡派，终日无一时不乐的。白沙弟子湛若水，广东人，本"体认天理"一语，他以为无论何事，皆自然之规则。王阳明成进士时，和他交游，那时他学问高出王之上。后来，王别有研究，和他意见不甚相合。他自己讲学，流传颇广，知名的却很少。

王守仁（阳明）本是欢喜研究道教的，曾延道士至家，再四拜求。后来从娄谅游，成进士后又和湛往来，见解遂有变更。贬龙场驿丞以后，阳明的学问大进。他看得世间别无可怕，只有死是可怕的，所以造石棺以尝死的况味，所主张的"致良知"，就在卧石棺时悟出。在贵州时有些苗民很崇拜他，从他讲求学问，阳明把"知行合一"和他们说。阳明的"知行合一"，和明道有些相同。明道以为曾经试行过，才算得"知"，没曾试行过，不能称为"知"。譬如不知道虎之凶猛的人，见虎不怕；受了虎的损害的，就要谈虎色变了。这类主张，渐变而为阳明的主张。阳明以为知即是行，也可说"知的恳切处即行，行的精粹处即知"。不过阳明的"知行合一"主张，是在贵州时讲的。后来到南京，专讲静坐，归江西后又讲"致良知"了。《传习录》是他在贵州时的产品，和后来有些不合。

阳明自悟得"致良知"以后，和朱文公不能不处于反对地位，并非专和朱反对，才有这些主张的。有人谓"致良知"的主张，宋胡宏在《胡子知言》已有讲起。阳明是否本之于胡，抑自己悟出，这是不能臆断的。阳明讲"良知"，曾攀附到孟子。实在孟子的"良知"，和他的殊不相同。孟子说："人之所不学而能者，其良能也；所不虑而知者，其良知也。孩提之童，无不知爱其亲者，及其长也，无不知敬其兄也。"可见他专就感情立论。阳明以为一念之生，是善是恶，自己便能知道，是溢出感情以外，范围较广了。

孟子和阳明的不同，可用佛法来证明。《唯识论》里说：一念的发生，便夹着"相分""见分""自证分""证自证分"四项。且把这四个名词下一解释：

（一）相分。"相分"就是"物色"，就是我们所念的。

（二）见分。"见分"就是"物色此物色"，也就是我们所能念的。

（三）自证分。一念时有别一念同时起来，便是"自证分"。譬如我讲了后一句话，自己绝不至忘了前一句话。便是"自证分"在那里主之。

（四）证自证分。"自证分"的结果，便是"证自证分"。

再用例来说明：譬如，想到几年前的友朋，想到"他姓张或姓李"，后来忽然断定他是姓张，当时并不曾证诸记录或书籍的，这便是"相分、见分、自证分、证自证分"的连合了。依此来判良知，孟子所说是指"见分"，阳明是指"自证分、证自证分"的。可见阳明和孟子是不相关联的，阳明所以要攀附孟子，是儒家的积习：宋人最喜欢的是"喜怒哀乐之未发谓之中"，苏氏兄弟也常说这话。实在《中庸》所说是专指感情的，宋人以为一切未发都算是中，相去很远了。还有"鸢飞鱼跃，活泼泼地"一语，也为宋人所最爱用，陈白沙更用得多。在《诗经》原意，不过是写景，《中庸》中"鸢飞戾天，鱼跃于渊，言其上下察也"一节也不过引用诗文来表明"明"的意思。"察，明也"，鸢在上见鱼，很明白地想要攫取；鱼在下见鸢也很明白，立刻潜避了。就是照郑康成的注解，训"察"为"至"，也只说道之流行，虽愚夫愚妇都能明白，用鸢鱼来表示上下罢了，其中并没含快活的意思。宋人在"鸢飞鱼跃"下面，一定要加"活泼泼地"四字，和原意也不同了。这些和阳明攀附孟子是一样的。

阳明"致良知"的主张，以为人心中于是非善恶自能明白，不必靠什么典籍，也不必靠旁的话来证明，但是第二念不应念，有了第二念自己便不明了。人以为阳明的学说，很宜于用兵，如此便不至有什么疑虑和悔恨。

晚年阳明讲"天泉证道"，王畿（龙溪）和钱德洪（绪山）是从游的。钱以为"无善无恶心之体，有善有恶心之动，知善知恶为致知，存善去恶为格物"。王和他不同，以为一切都是无善无恶的。阳明对于这两种主张，也不加轩轾于其间。

阳明的弟子，徐爱早死，钱德洪的学问，人很少佩服他。继承阳明的学问，要推王艮和王畿。王艮，泰州人，本是烧盐的灶丁，名"银"，"艮"是阳明替他改的。他见阳明时，学问已博，初见时阳明和他所讲论，他尚不满意，以为阳明不足为之师，后来阳明再讲一段，他才佩服。他的学问和程明道、陈白沙颇相近，有《学乐歌》："学是乐之学，乐是学之乐。"从他游的颇多寻常人，间有上流人，自己真足自命不凡的。王畿是狂放的举人，很诽议阳明的，后来忽又师事阳明了。黄梨洲（黄宗羲）《明儒学案》对于二王都有微词。他佩服的是阳明的江西弟子。

阳明的江西弟子，以邹守益、欧阳德、聂德、罗洪先为最有造就。罗自有师承，非阳明弟子，心里很想从阳明游，不能如愿，后来阳明也死了。阳明弟子强罗附王，他也就承认。罗的学问比他弟子高深得多，自己静坐有得，也曾访了许多僧道。他说："极静之时，但觉此心本体如长空云气，大海鱼龙，天地古今，打成一片。"黄佐对于罗的论调，最不赞同，以为是参野狐禅，否则既谓无物，哪有鱼龙。实在，心虽无物而心常动。以佛经讲，"阿赖耶识"是恒转如瀑流，就是此意。罗所说"云气"和"鱼龙"是表示动的意思。罗洪先自己确是证到这个地步，前人没有及他的了。

王时槐的学问自邹守益传来，见解颇精深。他说："纯无念时，是为一念，非无念也，时之至微者也。"譬如吾人入睡，一无所梦，这时真可算无念，但和死却有分别的。就佛法讲"意根恒审思量"。意根念念所想的什么？就是"我"，"我"就是"阿赖耶识"。我所以不忘这"我",便因有了"意根"之故。"我",寻常人多不疑,譬如自己说了一句话,绝不会疑"这是谁说的",至于其余对象,我们总要生一种疑虑的。念念想着,和无念竟是差不多,我们从早晨起来感到热,继续热下去,也就感不到了:所以纯无念时,仍有一念。

王艮弟子王栋说主张意与心有分,以为"意非心之所发,意为心之主者"。这种主张,和佛法说有些相同。佛法以"阿赖耶识"自己无作用,有了意根,才能起作用,也就是禅宗所谓"识得主人翁"的意思。刘宗周对于王栋的主张很多采取,栋自己看书不多,这种见解,的确是证出的。

阳明、若水两派以外,有许多士子信仰吕泾野(吕柟)的主张。吕,陕西人,笃守礼教,和朱文公最相近,立言很平正,无过人处。当时所以能和湛、王并驾,这也因王的弟子太不守礼法,猖狂使人生厌,那些自检的子弟就倾向吕泾野了。原来何心隐习泰州之学差不多和政客一般,张居正恨而杀之。李卓吾师事何心隐,荒谬益甚,当时人所疾首痛心的。这守礼教和不守礼教,便是宋、明学者的大别。宋儒若陆象山见解之超妙,也仍对于礼教,拘守不敢离,既禁止故人子的挟妓,又责备吕东莱的丧中见客。明儒若陈白沙已看轻礼教,只对于名节还重视,他曾说"名节乃士人之藩篱"。王阳明弟子猖狂已甚,二王为更甚,顾亭林(顾炎武)痛骂"王学"(即王阳明所创学派)也是为此。

湛、王学问,晚年已不相同,但湛弟子许孚远,却合湛、王为一。再传至刘宗周(戢山),自己又别开生面,和湛、王都有些不同。刘主张"意非心之所发",颇似王栋,"常惺惺",也是他的主张,这主张虽宋人已经讲过,但他的功夫是很深的。阳明附会朱文公《晚年定论》,很引起一般人的攻讦。同时有罗钦顺(整庵)和他是对抗的。罗的学问,有人说他是朱派,实在明代已无所谓纯粹朱派。罗的见解,又在朱之上,就说是朱派,也是朱派之杰出者。罗本参禅,后来归入理学,纠正宋儒之处很多。朱文公所谓"气质之性,义理之性",罗表示反对,他说:"义理乃在气质之中。"宋人于天理人欲,纠缠不清。罗说:"欲当即理。"这种见解和王不同,较朱又高一着,所以能与阳明相抗衡。清戴东原(戴震)的主张,是师承罗的学说的。明末,东林派高攀龙、顾宪成等也讲宋人学问,较阳明弟子能守规矩。他们有移风易俗的本意,所以借重礼法。不过党派的臭味太重,致召魏忠贤杀害的惨劫。清初,东林派还有流传,高愈、应撝谦辈也只步武前人罢!

此外尚有李颙(二曲),也是名儒。李,陕西人,出身微贱,原是一个差役。……他自己承认是吕派,实际是近王派的,所发见解很不少。他每天坐三炷香,"初则以心观心,久之心亦无所观",这是他的功夫。他尝说"一念万念"这句话。这话很像佛法,但是究竟的意思,他没有说出。我们也不知道他是说"一念可以抵万念呢",抑或是"万念就是一念呢"?在佛法中谓:"念念相接则生时间";"转念速,时间长,转念慢,时间短";"一刹那可以经历劫"。李的本意,或许是如此。李取佛法很多,但要保持礼教面目,终不肯说出。"体用"二字本出于佛法,顾亭林以此问他,他也只可说"宝物出于异国,亦可采取"了。清代,理学可以不论,治朱之学远不如朱。陆陇其(稼书)、汤斌等隶事两朝,也为士林所不齿,和吴澄事元有什么分别呢?江藩作《宋学渊源记》,凡能躬自力行的都采入,那在清廷做官的,都在摈弃之列。

颜元(习斋)、戴震(东原),是清代大儒。颜力主"不骛虚声",劝学子事礼、乐、射、御、书、数,和小学很相宜。戴别开学派,打倒宋学。他是主张"功利主义",以为欲人之利于己,必先有利于人,并且反对宋人的遏情欲。

罗有高(台山)、彭绍升(尺木)研究王学的。罗有江湖游侠之气,很佩服李卓吾(李贽);彭信佛法,但好扶乩;两人都无足取。

四、哲学总括

哲学的派别,既如上述,我们在此且总括地比较一下:以哲学论,我们可分宋以来之哲学、古代的九流、印度的佛法和欧西的哲学四种。欧西的哲学,都是纸片上的文章,全是思想,并未实验。他们讲唯心论,看着的确很精,却只有比量,没有现量,不能如各科学用实地证明出来。这种只能说是精美的文章,并不是学问。禅宗说"猢狲离树,全无伎俩",是欧西哲学绝佳比喻,他们离了名相,心便无可用了。宋、明诸儒,口头讲的原有,但能实地体认出来,却也很多,比欧西哲学专讲空论是不同了。

再就宋以来的理学和九流比较看来,却又相去一间了。黄梨洲说:"自阳明出,儒释疆界,邈若山河。"实在儒、释之界,宋已分明,不过儒、释有疆界,便是宋以后未达一间之遗憾。宋以后的理学,有所执着,专讲"生生不灭之机",只能达到"阿赖耶恒动如瀑流",和孔子"逝者如斯夫,不舍昼夜"地步,那"真如心"便非理学家所能见。孔子本身并非未尝执着,理学强以为道体如此,真太粗心了!

至于佛法所有奥妙之处,在九流却都有说及,可以并驾齐驱。佛法说"前后际断",庄子的"无终无始,无几无时;见独而后,能无古今",可说是同具一义的。佛法讲"无我",和孔子的"毋我""克己复礼",庄子的"无己,恶乎得有有"又相同了。佛家的"唯识唯心说":"心之外无一物,心有境无,山河大地,皆心所造",九流中也曾说过。战国儒家公孙尼子说"物皆本乎心",孟子说"万物皆备于我",便是佛家的立意。

佛家大乘断"所知障",断"理障";小乘断"烦恼障",断"事障"。孔子说"我有知乎哉?无知也",老子说"玄之又玄,众妙之门",又说"涤除玄览",便是断"所知"和"理"障的了。佛法说"不生不灭",庄子说"无古今而后入于不死不生","不死不生"就是"不生不灭"。佛法说"无修无证,心不见心,无相可得",孟子说"望道而未之见"(道原是不可见,见道即非道),庄子说"斯身非吾有也,胡得有乎道",又相同了。照这么看来,"九流"实远出宋、明诸儒之上,和佛法不相出入。

我们研究哲学,从宋人入手却也很好,因为晋人空谈之病,宋人所无,不过不要拘守宋学,才有高深的希望。至于直接研究佛法,容易流入猖狂。古来专讲佛而不讲儒学的,多不足取,如王维降安禄山,张商英和蔡京辈往来,都是可耻的。因为研究佛法的居士，只有五戒，在印度社会情形简单，或可维持，中国社会情形复杂，便不能维持了。历来研究儒家兼讲佛法的，如李习之（李翱）、赵大州（赵贞吉）口不讳佛，言行都有可观。可见研究佛法，非有儒学为之助不可。

中国哲学发生的时代

胡 适

中国哲学结胎的时代

大凡一种学说,绝不是劈空从天上掉下来的。我们如果能仔细研究,定可寻出那种学说有许多前因,有许多后果。譬如一篇文章,那种学说不过是中间的一段。这一段定不要来无踪影,去无痕迹的。定然有个承上起下,承前接后的关系。

要不懂他的前因,便不能懂得他的真意义。要不懂他的后果,便不能明白他在历史上的位置。这个前因,所含不止一事。第一是那时代政治社会的状态。第二是那时代的思想潮流。这两种前因、时势和思潮,很难分别。因为这两事又是互相为因果的。有时是先有那时势,才生出那思潮来;有了那种思潮,时势受了思潮的影响,一定有大变动。所以时势生思潮,思潮又生时势,时势又生新思潮。所以这学术史上寻因求果的研究,是很不容易的。我们现在要讲哲学史,不可不先研究哲学发生时代的时势和那时势所发生的种种思潮。

中国古代哲学大家，独有孔子一人的生年死年，是我们所晓得的。孔子生于周灵王二十一年，当西历纪元前551年，死于周敬王四十一年，当西历前479年。孔子曾见过老子，老子比孔子至多不过大二十岁，大约生于周灵王的初年，当西历前570年左右。中国哲学到了老子孔子的时候，才可当得"哲学"两个字。我们可把老子孔子以前的二三百年，当作中国哲学的怀胎时代。为便利起见，我们可用西历来记算如下：

前八世纪（周宣王二十八年到东周桓王二十年，西历纪元前800年到700年），前七世纪（周桓王二十年到周定王七年，西历前700年到600年），前六世纪（周定王七年到周敬王二十年，西历前600年到500年），这三百年可算得一个三百年的长期战争。一方面是北方戎狄的扰乱（宣王时，常与猃狁开战。幽王时，戎祸最烈。犬戎杀幽王，在西历前771年。后来周室竟东迁以避戎祸。狄灭卫，杀懿公，在前660年），一方面是南方楚吴诸国的勃兴（楚称王在前704年，吴称王在前585年）。中原的一方面，这三百年之中，那一年没有战争侵伐的事。周初许多诸侯，早已渐渐的被十几个强国吞并去了。东迁的时候，晋、郑、鲁最强。后来鲁郑衰了，便到了"五霸"时代。

到了春秋的下半段，便成了晋楚争霸的时代了。

这三个世纪中间，也不知灭了多少国，破了多少家，杀了多少人，流了多少血。只可惜那时代的政治和社会的情形，已无从详细查考了。我们如今参考《诗经》《国语》《左传》几部书，仔细研究起来，觉得那时代的时势，大概有这几种情形：

第一,这长期的战争,闹得国中的百姓死亡丧乱,流离失所,痛苦不堪。如《诗经》所说:

肃肃鸨羽,集于苞栩。王事靡盬,不能艺稷黍。父母何怙?悠悠苍天,曷其有所!(《唐风·鸨羽》)

陟彼岵兮,瞻望母兮。母曰:"嗟予季行役,夙夜无寐!上慎旃哉!犹来无弃!"(《魏风·陟岵》)

昔我往矣,杨柳依依。今我来思,雨雪霏霏。行道迟迟,载渴载饥。我心伤悲,莫知我哀!(《小雅·采薇》)。

何草不黄!何日不行!何人不将,经营四方!何草不玄!何人不矜!哀我征夫,独为匪民?(《小雅·何草不黄》)

中谷有蓷,暵其湿矣!有女仳离,啜其泣矣!啜其泣矣!何嗟及矣!(《王风·中谷有蓷》)

有兔爰爰,雉离于罗。我生之初,尚无为。我生之后,逢此百罹。尚寐无吪!(《王风·兔爰》)

苕之华,其叶青青。知我如此,不如无生!牂羊坟首,三星在罶。人可以食,鲜可以饱。(《小雅·苕之华》)

读了这几篇诗,可以想见那时的百姓受的痛苦了。

第二,那时诸侯互相侵略,灭国破家不计其数。古代封建制度的种种社会阶级都渐渐的消灭了。就是那些不曾消灭的阶级,也渐渐的可以互相交通了。

古代封建制度的社会,最重阶级。《左传》昭十年,芊尹无宇曰:"天之经略,诸侯正封,古之制也。封略之内何非君土?

食土之毛，谁非君臣……天有十日，人有十等，下所以事上，上所以共神也。故王臣公，公臣大夫，大夫臣士，士臣皂，皂臣舆，舆臣隶，隶臣僚，僚臣仆，仆臣台。马有圉，牛有牧，以待百事。"古代社会的阶级，约有五等：

（一）王（天子）

（二）诸侯（公、侯、伯、子、男）

（三）大夫

（四）士

（五）庶人（皂、与、隶、僚、仆、台）

到了这时代，诸侯也可称王了。大夫有时比诸侯还有权势了（如鲁之三家，晋之六卿。到了后来，三家分晋，田氏代齐，更不用说了），亡国的诸侯卿大夫，有时连奴隶都比不上了。《国风》上说的：

式微式微，胡不归！微君之躬，胡为乎泥中！（《邶风·式微》）

琐兮尾兮，流离之子！叔兮伯兮，褎如充耳！（《邶风·旄丘》）

可以想见当时亡国君臣的苦处了。《国风》又说：

东人之子，职劳不来。西人之子，粲粲衣服。舟人之子，熊罴是裘。私人之子，百僚是试。（《小雅·大东》）

可以想见当时下等社会的人，也往往有些"暴发户"，往往会爬到社会的上层去。再看《论语》上说的公叔文子和他的家臣大夫僎同升诸公。又看《春秋》时，饭牛的甯戚，卖作奴隶的百里奚，郑国商人弦高，都能跳上政治舞台，建功立业。可见当时的社会阶级，早已不如从前的严紧了。

第三，封建时代的阶级虽然渐渐消灭了，却新添了一种生计上的阶级。那时社会渐渐成了一个贫富很不平均的社会。富贵的太富贵了，贫苦的太贫苦了。

《国风》上所写贫苦人家的情形，不止一处。内中写那贫富太不平均的，也不止一处。如：

小东大东，杼柚其空。纠纠葛屦，可以履霜。佻佻公子，行彼周行。既往既来，使我心疚。（《小雅·大东》）

纠纠葛屦，可以履霜。掺掺女手，可以缝裳。要之襋之，"好人"服之！"好人"提提，宛然左辟，佩其象揥。维是褊心，是以为刺。（《魏风·葛屦》）

这两篇竟像英国虎德（Thmoas Hood）的《缝衣歌》的节本。写的是那时代的资本家雇用女工，把那"掺掺女子"的血汗功夫，来做他们发财的门径。葛屦本是夏天穿的，如今这些穷工人到了下霜下雪的时候，也还穿着葛屦。怪不得那些慈悲的诗人忍不过要痛骂了。又如：

彼有旨酒，又有嘉肴。洽比其邻，昏姻孔云。念我独兮，忧

心殷殷！佌佌彼有屋，蔌蔌方有谷。民今之无禄，天夭是椓，哿矣富人，哀此惸独！（《小雅·正月》）

这也是说贫富不均的。更动人的，是下面的一篇：

坎坎伐檀兮，置之河之干兮。河水清且涟猗。不稼不穑，胡取禾三百廛兮！不狩不猎，胡瞻尔庭有悬貆兮！彼君子兮，不素餐兮！（《魏风·伐檀》）

这竟是近时代社会党攻击资本家不该安享别人辛苦得来的利益的话了！

第四，那时的政治除了几国之外，大概都是很黑暗、很腐败的王朝的政治。

我们读《小雅》的《节南山》《正月》《十月之交》《雨无正》几篇诗，也可以想见了。其他各国的政治内幕，我们也可想见一二。例如：《邶风·北门》《齐风·南山·敝笱·载驱》《桧风·匪风》《鄘风·鹑之奔奔》《秦风·黄鸟》《曹风·候人》《王风·兔爰》《陈风·株林》。写得最明白的，莫如：

人有土田，女反有之。人有民人，女覆夺之。此宜无罪，女反收之。彼宜有罪，女覆说之。（《大雅·瞻卬》）

最痛快的，莫如：

硕鼠硕鼠，无食我黍。三岁贯女，莫我肯顾。逝将去女，适彼乐土！乐土乐土！爰得我所！(《硕鼠》)

又如：

匪鹑匪鸢，翰飞戾天。匪鳣匪鲔，潜逃于渊。(《小雅·四月》)

这首诗写虐政之不可逃，更可怜了。还不如：

鱼在于沼，亦匪克乐。潜虽伏矣，亦孔之炤。忧心惨惨，念国之为虐。(《小雅·正月》)

这诗说即使人都变作鱼，也没有乐趣的。这时的政治，也就可想而知了。

这四种现象：①战祸连年，百姓痛苦；②社会阶级渐渐消灭；③生计现象贫富不均；④政治黑暗，百姓愁怨。这四种现状，大约可以算得那时代的大概情形了。

那时代的思潮（诗人时代）

上章所讲三个世纪的时势：政治那样黑暗，社会那样纷乱，贫富那样不均，民生那样痛苦。有了这种时势，自然会生出种种思想的反动。从前第八世纪到前第七世纪，这两百年的思潮，除了一部《诗经》，别无可考。我们可叫他作诗人时代（三百篇中以《株林》一篇为最后。《株林》大概作于陈灵公末年)。

这时代的思想,大概可分几派:

第一,忧时派。

例:节彼南山,维石岩岩。赫赫师尹,民具尔瞻!忧心如惔,不敢戏谈。国既卒斩,何用不监?(《节南山》)

忧心惸惸,念我无禄。民之无辜,并其臣仆。哀我人斯,于何从禄!瞻乌爰止,于谁之屋?瞻彼中林,侯薪侯蒸。民今方殆,视天梦梦。既克有定,靡人弗胜。有皇上帝,伊谁云憎!(《正月》)

彼黍离离,彼稷之苗。行迈靡靡,中心摇摇!知我者谓我心忧,不知我者谓我何求。悠悠苍天,此何人哉!(《黍离》)

园有桃,其实之殽。心之忧矣,我歌且谣。不知我者,谓我士也骄。彼人是哉!子曰何其!心之忧矣,其谁知之!其谁知之!盖亦勿思。(《园有桃》)

第二,厌世派。忧时爱国,却又无可如何,便有些人变成了厌世派。

例:我生之初,尚无为。我生之后,逢此百罹。尚寐无吪!(《兔爰》)

隰有苌楚,猗傩其枝。夭之沃沃,乐子之无知?(《隰有苌楚》)

苕之华,其叶青青。知我如此,不如无生!(《苕之华》)

第三，乐天安命派。有些人到了没法想的时候，只好自推自解，以为天命如此，无可如何，只好知足安命罢。

例：出自北门，忧心殷殷。终窭且贫，莫知我艰。已矣哉！天实为之，谓之何哉！（《北门》）

衡门之下，可以栖迟。泌之洋洋，可以乐饥。岂其食鱼，必河之鲂？岂其取妻，必齐之姜？岂其食鱼，必河之鲤？岂其娶妻，必宋之子？（《衡门》）

第四，纵欲自恣派。有些人抱了厌世主义，看看时事不可为了，不如"遇饮酒时须饮酒，得高歌处且高歌"罢。

例：萚兮萚兮，风其吹女，叔兮伯兮，倡，予和女。（《萚兮》，倡字一顿）

蟋蟀在堂，岁聿其莫。今我不乐，日月其除。……（《蟋蟀》）

山有枢，隰有榆，子有衣裳，弗曳弗娄。子有车马，弗驰弗驱。宛其死矣，他人是愉。

山有漆，隰有栗，子有酒食。何不日鼓瑟？且以喜乐，且以永日！宛其死矣，他人入室！（《山有枢》）

第五，愤世派（激烈派）。有些人对着黑暗的时局，腐败的社会，却不肯低头下心的忍受。他们受了冤屈，定要作不平之鸣的。

例：溥天之下，莫非王土。率土之滨，莫非王臣。大夫不均，我从事独贤。……或燕燕居息，或尽瘁事国。或偃息在床，或不已于行。

或不知叫号，或惨惨劬劳。或栖迟偃仰，或王事鞅掌。或湛乐饮酒，或惨惨畏咎，或出入风议，或靡事不为。（《北山》）

坎坎伐檀兮，置之河之干兮。河水清且涟猗。不稼不穑，胡取禾三百廛兮！不狩不猎，胡瞻尔庭有悬貆兮！彼君子兮，不素餐兮！（《伐檀》）

硕鼠硕鼠，无食我黍。三岁贯女，莫我肯顾。逝将去女，适彼乐土！乐土乐土！爰得我所。（《硕鼠》）

这几派大约可以代表前七八世纪的思潮了。请看这些思潮，没有一派不是消极的。到了《伐檀》和《硕鼠》的诗人，已渐渐的有了一点勃勃的独立精神。你看那《伐檀》的诗人，对于那时的"君子"，何等冷嘲热骂！又看那《硕鼠》的诗人，气愤极了，把国也不要了，去寻他自己的乐土乐园。到了这时代，思想界中已下了革命的种子了。这些革命种子发生出来，便成了老子、孔子的时代。

唯心哲学浅释

朱光潜

从前希腊人有一次在德尔斐神的面前求签,问当时谁是世界最聪明的人,神回答说"苏格拉底"。于是就有人拿这个消息去报告苏格拉底。苏格拉底说:"我本来也和一般人一样无知,不过一般人都自己以为有知,我自己却知道自己是无知,神说我最聪明,大概就是因为这一点。"

我今天讲唯心哲学,为什么开头就说这段故事呢?我的用意是要诸君先明白哲学是怎么一回事。一般人都以为哲学好比一部百科全书,能给我们许多知识。其实哲学的最大功用不在给我们知识,在教我们明了自己实在无知识。哲学本来是想求真理,想得到真知识,而结果只是发现许多新问题出来,发现我们平时以为没有问题的东西实在还有问题。这就是说,发现我们平时自己以为知道的东西实在还是没有知道。所以苏格拉底是一位最大的哲学家,就因为他知道自己没有知识。

要懂得唯心哲学,第一步就要明了这一点。因为唯心哲学是最和我们的常识不相容的,所以我先请诸君暂且把常识抛开,假定自己是一无所知,来考究人和宇宙究竟是怎么一回事。

"宇宙"这个名词太广大,太玄渺了。我的口袋里有一个橘子,我们姑且先来研究这个橘子,把宇宙暂时丢开。如果我们懂得这个橘子,自然也就懂得宇宙,因为"橘子是怎么一回事?"和"宇宙是怎么一回事?"根本只是一个问题。

这个橘子在这里,大家都看得见,摸得着,依常识说来,它自然是真实的。可是唯心哲学居然要问:"这个橘子是否是真实的?它是否像我们在梦里所见的橘子只是一个幻象?"你看这种问题可不是荒谬,可不是没有常识?但是我们慢些下判断,且来看看橘子的真实与否何以成为问题。

我们说这里有一个橘子,有什么凭据呢?我们的凭据是感官。我们的眼睛能看它,皮肤能触它,鼻子能嗅它,舌头能尝它。假如有人问我们橘子是什么样子的东西,我们可以回答说"它是黄的、圆的、香的、甜的,皮子很光滑的……"所以我们可以说,我们知道橘子之所以为橘子是凭借感官的。

感官是不是知识的唯一的来源呢?不是。比如说"橘子是黄的",我们何以知道这件东西叫作"橘子",这个颜色叫作"黄"呢?我们知道它是橘子,因为已往见过许多同样的东西都叫作"橘子";知道它是黄的,因为已往见过许多同样的颜色都叫作"黄"。换句话说,因为我们的心中原来已有"橘子"的概念和"黄"的概念。概念是比较、分类和推理的结果。比如说,"凡是像某样某样的东西叫作橘子,这件东西是像某样某样的,所以它是橘子"。从这个例子看,我们应该说,我们知道橘子之所以为橘子,有一半是借感官,也有一半是借理解。

感官和理解原来是相辅而行、不可分割的,但是它们的对象却有分别:感官所接触的是殊相,理解所领会的是共相。什么叫作"共相",什么叫作"殊相"呢?共相是公共的性质,这个橘子是甜的,那个橘子是酸的,可是都叫作"橘子",所以"橘子"是共相。殊相是个别的事例,这一个甜的橘子是殊相,那一个酸的橘子也是殊相。"黄"是一个共相,这个橘子的"黄",这块金子的"黄",或是这个面孔的"黄",都是殊相。古今中外的橘子都叫作橘子,所以橘子的共相随地都可用,随时都可用。随地都可用,所以它是无空间性的;随时都可用,所以它是无时间性的。殊相如这个橘子是占一定空间和一定时间的,它既在这个时间存在就不能在别的时间存在,既在这个空间存在就不能在别的空间存在。感觉也是限于一定时间和一定空间的,所以只能达到殊相;理解是不受时间和空间限制的,所以能达到共相。

我们现在可以把上面的话做一句总结。我们知识所用的工具有两种,一种是感官,一种是理解;我们知识所有的对象也有两种,一种是殊相,一种是共相。殊相有时间性和空间性,要用感官去接触;共相无时间性和空间性,要用理解去领会。

我何以说许多话来解释感官和理解以及殊相和共相的分别呢?因为要了解无论哪一派哲学,起码就要先懂得这几个术语。现在我们懂得这几个术语了,且再回头来研究这个橘子。

我们已经说过,橘子有殊相,有共相。殊相是这个感官所接触的橘子,共相是有适用于一切橘子的概念。现在我们要问:这两种橘子究竟谁是真实的呢?我说"真实"而不说"实在",请诸君特别注意,因为"实在"两个字虽然比较顺口,而从唯心哲学观点看，却是互相矛盾的两个字，实者就不能在，在者就不能实。明白"实"和"在"的分别，我们就能明白我们心中橘子的概念和这个感官可接触的橘子的殊相究竟哪一个是真实的。

什么叫作"在"呢？凡所谓"在"，都是指在某一个时间或是在某一个空间。这个橘子的殊相在这个时间在我手里，所以我们可以说它是"在"。什么叫作"实"呢？凡所谓"实"，是说不能变为"假"的。它既然是"实"，在今天是如此，在明天也还是如此；在这里是如此，在那里也还是如此。换句话说，它应该是没有时间性和空间性的。比如我们心中橘子的概念——就是橘子的共相——就是如此。今天我在这里遇见这么一个东西，我叫它为"橘子"，明天我在别处遇见这么一个东西，我也还叫它为"橘子"。"橘子"这个概念是不受时间和空间限制的，在任何时任何地都是真实的。"实者不在"的道理是如此，这是比较容易明了的。

什么叫作"在者不实"呢？我手里这个橘子是"存在"的，我们已经承认了，它是否可以"实"字去形容呢？我们根据感官的经验，说它是圆的，但是各人所见到的圆并不一致。你从远处看，说它是椭圆；我从近处看，说它是扁圆；几何学家记着它的几何定义，说它既不是椭圆，又不是扁圆。我们究竟谁见到了橘子真实的形状呢？再比如说它是黄的，那就更有疑问了。从远处看它是深黄，从近处看它是浅黄，有色盲的人看它简直不是黄的。从物理学观点看，颜色不同由于光波的长短，同是一样光波，长一点是一种颜色，短一点又另是一种颜色。照这样看，橘子本来有色或是无色就成为问题了。

从这番分析看，我们于共相和殊相之外，又发现"真相"和"现象"的分别。我们感官所接触的都是现象，都是外貌。各人在各时各地所见的现象都不相同，所以现象不能说是真相。所谓现象，就是殊相在感官面前所现的形象。我们各人所见到的橘子都是现象，虽然各人所见到的现象也许和橘子的真相都有些类似，然而究竟都不是橘子的真相。"在者不实"的道理就是如此。

我们已经明白各个人所见到的在我手里的这个橘子都只是橘子的现象而不是橘子的真相了。现在我们要问：橘子除了现象之外是否另有真相？假如另有真相，真相究竟像什么样子呢？它和现象的关系何如呢？这个问题还可以用另一个方法来说明。比如形容这个橘子，我们说"它是圆的，它是黄的，它是香的，它是甜的，它是光滑的……"圆、黄、香、甜、光滑等都是感官所察觉到的现象，除了这些现象以外是否还另有所谓真相和"它"字相当呢？这个"它"字所代表的究竟是什么东西呢？哲学上所有的争执就是从这么样的简单的问题生出来的。许多哲学家闹得像老鼠钻牛角，找不到出路，都因为没有办法处置这个"它"字。

科学家说"它"字所代表的是"物质"。"物质"又是什么东西呢？据说它是极细极微的原子或电子。这个橘子是无数原子构成的，这个桌子也是无数原子构成的，何以一个叫作橘子，一个叫作桌子呢？科学家说，因为原子的运动和配合不同。这种说法能够把"它"字的问题解决完满吗？它不但没有完满解决，简直就没有去解决。原子究竟是什么东西？它是否是可思议的、可形容的？如果它是不可思议、不可形容的，我们就无凭据说它存在，说它是构成宇宙的。如果它可思议、可形容，我们就要说

"它是如此如此"，结果还是离不去这不可能的"它"字本身。换句话说，原子不可解也还和橘子不可解是一个道理。

英国哲学家巴克莱（Berkeley，今译贝克莱）就根本否认"它"字存在，在"它是圆的、黄的、香的、甜的、光滑的……"一个判断里的"是"字其实就是一种等号。在我们通常人看，把"是"字看成等号也并不是什么大不了的事，可是这一步的关键好不重大！我们上面已说过，圆、黄、香、甜、光滑等都是由感觉得来的。感觉是心的活动，没有心就没有感觉，没有感觉就没有圆、黄、香、甜、光滑等现象。你如果说这些现象就是"它"，就是橘子，那么，如果没有心岂不是就没有这个橘子？扩而充之，如果没有心岂不是就没有世界？

巴克莱却老老实实地这样主张。当时有人把这个学说告诉文学家约翰生说："这种学说虽然是荒谬，可是我们实在没有方法辩驳他呢。"约翰生下劲用脚踢面前一块大石头，石头不动，他自己可是蹦回了好几步，于是很得意地说："我这样就辩驳了巴克莱！"我们一般人依赖常识，大半都要向约翰生拍掌，可是你如果仔细想一想，就会知道巴克莱的主观唯心论不是可以如此轻易辩驳的。

巴克莱的唯心论也并非不可辩驳的。它的困难非常之多，我在这里不能详细讨论，只能提出一点来，做介绍康德的唯心论的线索。依巴克莱说，我们如果没有心，就没有方法知道世界，所以世界存在心的里面。这个"存在心的里面"（In the mind）是最难讲得通的。"存在"是必有空间的。这个橘子是有空间的，我的手也是有空间的，我们可以说"这个橘子存在我的手里"。

心是不占空间的，我们如何可以说"这个橘子存在我的心里"呢？"空间"问题是科学上一个最大的难题，也是哲学上一个最大的难题。

科学家和哲学家分析物质，都以为物质的要素是"占面积"（Extension）和"运动"（Motion），而这些要素都和空间有关。所以我们一日不能解释空间，就一日不能解释世界。有空间而没有"关系"，比如说"甲大于B""爱丁堡在伦敦之北"，都是表示物和物的关系。近代哲学对于这种"关系"争得非常热闹，唯心派说"关系在内"，唯实派说"关系在外"。这种问题其实还不过是空间问题。

空间问题是最难解决的。物质占空间，而心却不占空间；假如我们要说物质是唯心的，必定先证明空间也是唯心的。证明空间是唯心的，是主观的，就是康德的一个大成就。康德如何证明空间是唯心的呢？比如说这个橘子，我们不能感觉它则已，如果能感觉它，必定感觉它在某一定空间。换句话说，这个橘子如果现形象在我们的心眼面前，它一定脱离不去空间。所以空间是外物呈现于人心的条件。这个橘子除非是存在空间里，我们就不能感觉它。但是反过来说，如果世间没有这个橘子，没有任何外物，我们却仍旧可以想象一个空空洞洞的空间。我们可以假想把一切事物毁灭去而空间仍然可存在，可是我们不能假想把空间毁灭去而万事万物仍旧可存在。所以在理论上说，察觉外物之前须先以察觉空间为条件。

所谓"察觉外物"，就是我们通常所谓"经验"。所以察觉空间须在经验之先。有空间而后有经验的可能，所以空间不是从经验来的；既然不是从经验来的，它就不是存在外物界的。空间既不存在外物界，而人心察觉外物又不能离开空间，那么，空间自然是心的产品了。换句话说，我们的心察觉这个橘子时，必定察觉它存在某一空间。这并非这个橘子带着空间印进我们心里来，乃是我们的心带着空间套在橘子上面去。空间是我们的心察觉外物时所必用的方式，没有心去察觉外物就没有所谓空间。比如戴黄眼镜时看见外物都是黄的，黄是由于眼镜，并不是由于外物。空间对于心和物的关系，也犹如黄色对于黄眼镜与外物的关系。

空间是心知物所必具的形式，这种形式康德称之为"范畴"（Category）。他用同样的推理法证明时间也是如此，证明时间和空间之外，还有十二个范畴，都是心知物所必具的方式，比如"因果"就是其中之一。

康德把"空间"证成唯心的，他是否把这个橘子也证成唯心的呢？是否把全世界都证成唯心的呢？奇怪得很，他并没有走这一着。他以为这个橘子有现象，有真相。我们所能用范畴察觉的只有现象，如这个橘子的圆、黄、香、甜等性质。这些现象从什么地方发出来的呢？它们是从"事物本身"发出来的。"事物本身"就是橘子的真相，就是上文所说的"它"字，就是圆、黄、香、甜等性质所附丽的本体。这个康德所认为真实的"事物本身"究竟像什么样子呢？康德老实不客气地答道："我不知道，因为它是'不可知的'。"因为我们的心是如此构造的，不用时间空间就不能察觉外物，不用十二范畴就没有方法去思想。时间空间和十二范畴都只能应用到现象上去，而应用不到"事物本身"上去的，所以我们所知者尽是现象，"事物本身"却绝对不可知。

一句话归根,康德一方面以为人所可知的世界全是唯心的,而同时又承认这个世界只是现象,它的后面还另有一个不可知的真实世界是离心而独立的。所以康德虽然想建造一个彻底的唯心哲学,而结果仍是走到极不彻底的心物二元论那一条路上去了。

康德之后,唯心派最大的健将是赫格尔(今译黑格尔)。赫格尔的哲学就是从打破康德的"事物本身"出发。康德的"事物本身"本来是一个极自相矛盾的观念。第一,"事物本身"既不可知,我们又何以知道它存在呢?第二,它既不可知,我们又何以知道它是现象的来源呢?康德以为现象一定要有一个本体可附丽,所以抬出一个不可知的"事物本身"出来,不知道这在逻辑上是说不通的。赫格尔所以痛痛快快地把康德的"事物本身"一刀砍去。

"事物本身"既然砍去了,所剩的是什么呢?所剩的全是可知的现象。否认"事物本身",就是否认宇宙中有所谓"不可知的"东西。因此,一切事物都变成心的内容了。这里诸君也许要问:赫格尔这一步不是要回到巴克莱的主观的唯心论吗?不然。赫格尔的哲学中有一条最基本的原则叫作"相反者之同一",根据这条原则,他把心和物的界限打破了。他承认心是真实的,他承认物也是真实的,他承认心和物确实是相反的,可是他又主张心和物是同一的,同是一个实:从一个观点看,叫作物。这话是怎么样讲呢?

我们先从"物"方面说。我们在前面说过,我们知道这个橘子是黄的,因为心中先已有黄的概念。拿心去知物都离不掉概念。比如这个橘子,它是什么呢?它是"圆""黄""香""甜"

一大球概念挂在一起的。由这样看,每个殊相(橘子)都是许多共相(圆、黄、香、甜等)集合成的,这就是说,每个"物"都是由"心"造成的,"物"离"心"便毫无意义可言。

这个道理是从前巴克莱一般主观的唯心论者所看到很清楚的,但这只是一面的真理。从前人只看到物离开心就不能成立,"心离开物能成立吗?"这个问题他们简直没有想到。我们来把"心"分析看,究竟是怎么一回事呢?笛卡儿说过"我思故我在",唯心哲学加上一句"我在故物在"。这个"我"是什么东西呢?我们把眼睛回看自己的"心",回看自己的"我",能看见什么东西呢?我们只能觉到"心"是有意识的。意识又是什么东西呢?意识是许多观念、印象、概念所组成的一条河流。观念、印象等又自何而来呢?它们是从外物界感觉来的。除开意识,我们是否另外有一个意识者,可以叫作"心",可以叫作"我"呢?这种精光净的"心"在想象上是否能存在,这是学者所聚讼的;它在实际上是不能存在的,这是学者所公认的。经过这番分析,我们见到心离开物也是不能成立的。没有心固然不能有物,没有物也就不能有心,因此,赫格尔说,心和物虽相反而却是同一的。

心物的界限既然打消,结果是怎么样呢?这里照中文的意义说,我们不能把赫格尔哲学称为唯心论了。唯心论的原文是Idealism。赫格尔的哲学通常叫作 Objective Idealism,依字面应译为"客观的唯心论",不过这在中文中是自相矛盾的名词,既是客观的就不是唯心的,既是唯心的就不是客观的。可是原文 Objective Idealism 却可以说得通,因为 Idea 一词起源于柏拉图,柏拉图所谓 Idea 就是"理式",就是"共相",原来是偏重客观的。从这一点看,可知以"唯心论"译 Idealism 很有些不妥当,译作"唯理论"或较好些。这里我因为要通俗,所以沿用旧有的译名。赫格尔哲学是最看重纯理的,所以通常称为"泛理主义"。他以为整个宇宙,全是可以由"理"中推证出来的。

他的著名的推证法就是根据"相反者之同一"的原则。我现在姑且举一个例子来说明。比如"有"(Being)和"无"(Nothing)是相反的,但是在"变"(Becoming)里它们却变成同一。这话怎么样讲呢?我们且来分析"有"的概念。什么叫作"有"?"有"是一个极抽象的概念,是一个最高的共相,就是我们所说"万有"的"有"。宇宙中事事物物尽管千变万化,而在"有"的一点是相同的。比如这个橘子和我的心是极不同的东西,橘子有颜色而心没有颜色,橘子有形状而心没有形状,橘子占空间而心不占空间。可是世间"有"这个橘子也"有"我的心,所以就"有"一点说,这个橘子和我的心是相同的。"有"是我的心和橘子的共相,是一切事物的最高的共相。

"有"这个概念如何得来的呢?就是把万事万物的个性一齐剥去而专提出"有"这一个共同点。比如这个橘子是圆的、黄的、香的、甜的等,我们须把圆的、黄的、香的、甜的这一切个性一齐丢开而专提出它与一切事物所公(共)同的"有"。所以"有"是不含任何个性的,这个不含任何个性的"有"是很空虚的。所谓"空虚"其实就是"无"。纯粹的"有"是"无"任何性质的。因此,"有"之中就含有"无"在内。但是"无"是空虚,空虚也是一种"有",所以"无"之中也含有"有"在内。

"有"和"无"根本既然相同,所以由"有"可以转到"无","无"也可以转到"有"。由"有"转"无"或是由"无"转"有",这话就叫作"变",所以"变"是调和"有"与"无"的。

应用同样的推证法,赫格尔证明世界许多在表面看来似乎相反的东西其实都可以用一个较高概念来调和。所以宇宙就全体看,是没有冲突的,是极有理性的。凡所谓冲突都是局部的,局部的冲突应该在全体中求调和。唯心哲学把全体比部分看得较重要,所以在政治思想方面绝对反对个人主义。从这一点看,我们就可以明了何以近代德国的国家主义和俄国的共产主义都与唯心哲学有关。

我这番话是唯心哲学的一个极粗浅的解释。唯心哲学还有许多很重要的原理,别派哲学家有许多攻击唯心哲学的理由,我在这里限于时间都不能详细讨论了。

西洋哲学之情势

梁漱溟

我们对于构成知识的三种作用既然讲明，现在乃可来批评三方面的哲学。我们在前面所列的表分为宗教与哲学两类；哲学复分为形而上、知识、人生三部。

对于西洋方面所开列者：其宗教起初于思想甚有势力，后遭批评失势，自身逐渐变化以应时需；形而上学起初很盛，后遭批评，几至路绝，今犹在失势觅路中；知识论则甚盛，有掩盖一切之势，为哲学之中心问题。我们就着这个来说明，西洋的宗教为什么起初在思想界很有势，后来竟自受人批评而站不住呢？形而上学为什么起初很盛，后来几至路绝呢？这个原因就是因为于对知识的研究既盛，所以才将宗教及形而上学打倒。那么，这三方面——宗教、形而上学、知识论——的问题，其实可以说是一桩事情了。

大约一时代一地方，其思想起初发展的时候，实是种种方面并进的，没有一准的轨向；不过后来因为种种的关系，影响结果只向某一方向而发达，而这种思想就成了这一地方、这一时代的特异面目。希腊的思想本来各方面全都很发达：有向外的研究，也有向内的研究；有对于自然的研究，也有对于人事的研究；有对于静体的研究，也有对于变化的研究。但是到了后来西洋只有偏于向外的，对于自然的，对于静体的一方面特别发达，而别种思想渐渐不提，这就因为西洋人所走是第一条路向。在第一条路向本来是向前看的，所以就作向外的研究；前面所遇就是自然，所以对于自然研究；自然乍看是一块静体，所以成静体的研究。

自从希腊哲学的鼻祖泰理斯（Thales，今译泰勒斯）起，就来究问宇宙的本体问题——研究宇宙是由什么材料成的，或说是水，或说是火，或说是气，种种。等到文艺复兴以后，他们既重走第一条路向，所以近世哲学还是一元多元、唯心唯物等等问题，仍旧接续古代的形而上学，总想探讨宇宙之本源、究竟。当时著名的哲学家如笛卡儿、斯宾诺莎、来勃尼兹（今译莱布尼茨）、巴克莱（今译贝克莱）等等所讨论发挥皆在此。即在今日之罗素所研究者虽方法大异，然其静的、向外的态度与所成就，犹在自然一面，则固不异。

所以大家都说东方哲学多为人事的研究，西方哲学多为自然的研究——杜威先生亦曾说过这话——是不错的。并且也就因为西洋人这种研究哲学的态度，根本的使其哲学成功唯物的倾向。"物质"一观念在这种态度上盖不待构于思，出诸口，已先有了。然这都是后话，现在且讲西洋人从这方面研究之变迁梗概。

希腊先发明了几何学为他们最时尚的研究，他那种迹先的（Apriori）（或译先天的）演绎法仿佛能赅洽六合的样子，所以希腊的哲学家把推理看成万能的了。他们用他们这个方法关起门来，用不着考察实验，只要心理推究，就能发明许多学理——本来这种空洞的形式关系之研究是能行的。于是他们来研究形而上学的问题，仍旧是那一套法子，什么宇宙的实体本源如何如何，是有，是一，是二，是多，是物质的，是精神的，是真，是善美，是神，是恒久，是圆满无限，是不变，是迥异乎现象，乃至种种奇怪的事情，他们都以为能知道。在中世以宗教的权威无从脱此窠臼。而到近世来几个大哲，如适才所说笛卡儿诸人，因为他们都是接续希腊研究数理的大数学家，所以还是一个脾胃，讲这一套形而上学的话。

他们是所谓大陆的理性派，以为天地间的理是自明的，是人的理性所本有，自会开发出来，推演出来，所以不觉得自己方法有什么不对。这种人实在太忽略了经验，他们不留意知识的方法和界限，贸然对这些问题下了许多主张，我们都叫他独断论。那时英岛对于知识方法有归纳法的贡献，成了所谓经验派，即如培根、霍布士（今译霍布斯）、洛克、休谟皆属于此。他们才渐渐省察自古以来的错误。

所以休谟说：科学是知识，形而上学的说话不是知识。因他的持论，知识来从印象，形而上学哪里有其印象呢？他这说法有是有不是，还未足服人。到康德出来解经验理性两派之争，认识论遂获大成，近世哲学对于往昔唯一的新形势才算确定如九鼎，而独断论于是绝迹。他的说法很精致，此不及述。他那意思，我们于现象世界以外固然是感觉不到而且判断所不能加，岂但迹后的无所凭据，根本上悟性就不能向那里用。所谓实体连有无都不能说，遑言其他。但他却也承认形而上学，他承认他是理性的观念。人的悟性不应那样用，而总不甘心，总要想去知道知道，这种需要就成了形而上学，这非复悟性的概念，而是理性的观念。

这种承认，明明是承认他为臆谈！等到孔德（今译康德）简直正式的加以否认了，即所谓他的人类知识分三时代说。他说是：神学、形而上学都属过来的东西，以后人的知识全是所谓实证的——即科学的，哲学也是科学的。神学形而上学虽不同，总要去讲绝对——想象一个整个的宇宙去讲他——这是无从讲的，无可讲的。本来这时期由自然科学的发达，容易使人以科学的所得解释哲学上的问题，所谓唯物思想种种俱兴，直到后来赫克尔一元哲学犹以此鸣一时。然谨慎的科学家，终觉科学之所以为科学在其方法，不在其所得结果，如彼所为，滥以科学中之观念适用到形而上学去，实自乖其根本，而且终究弄不成。所以如马胥（Mach，今译马赫）、皮尔松（Pearson）、潘加勒（Poincare，今译庞加莱）都不再做这种似是而非的科学的哲学家，而批评他们不对。

前者我们谓之素朴的自然主义哲学，后者我们谓之批评的自然主义哲学。至是形而上学即覆，形而上学的唯物思想以后亦不会复有，因此我们看西方的哲学形势固必为唯物的倾向，然而唯物的思想唯西洋产生之，亦唯西洋摧破之；在东方唯物论固不见盛，却亦无能铲除之者。此全得力于西洋所走路向之踏实稳妥，逐步寻到知识方法上来，所以才能有此结果。

至如美国的实验主义家詹姆士、杜威等，其不要人研究形而上学，固一半是反对那一种方法，而一半是为形而上学的问题多半不成问题，求不出如果舍此说取彼说就要怎样的；两样说法——如唯心、唯物——名义迥异,归到实际并没有两样意味的,所以用不着研究。故詹姆士一面反对一元主义,一面说他的实际主义就是一个息止形而上学无谓纷争的方法。

民族哲学杂话

嵇文甫

本文所要讲的是民族哲学,只要某种学说在吾民族中很流行,为大家所熟闻乐道,我们就不妨谈谈。……想怎么谈,就怎么谈,不拘什么形式……零金碎玉,俱见精光。

在没有触到所要讲的各项问题本身以前,有几点须先交代明白:

第一,本文所用"哲学"一名,乃是就其最广泛的意义而言,并不一定照现在哲学课本上所用那样严格的狭义的界说。本来为"哲学"立界说是很不容易的。各时代、各学派,乃至各个哲学家,种种说法,至为纷歧。倘若一定说讲本体论的才算哲学,那么像实证派和实验派的学说将不得称为哲学了。倘若一定说讲认识论的才算哲学,那么在洛克、休谟以前可称为哲学的就太有限了。倘若一定说用严格的逻辑体系用科学分析方法所造成的才算哲学,那么像尼采、倭铿(又译奥伊肯——编者注)那班学者将被排在哲学界以外,而哲学领域所剩留的或者只有所谓新实在论了。

固然，特意迁就某些学者，为他们在哲学上争取个地位，是大可不必的。学问领域至大，人又何必一定要当个哲学家呢？然而"名无固宜，约定俗成"。按照哲学的古义，本极广泛，凡是议论宇宙人生各种根本问题的都可包括在内。与其举一废百，何如兼容并包。立界说本不过一种方便，一经执着，反成固弊。许多争端，由此而起，我们也用不着为哲学严立界说，只须略具轮廓，使不致和宗教、艺术、科学过于混淆，就尽够了。见牛自知其为牛，见羊自知其为羊，而我们并没有立过牛羊的界说呀。

第二，本文所谓"民族哲学"，只是说这种哲学为吾民族安身立命之所在，大家都熟闻乐道，并不含中国高于一切，或只此一家别无分号的意思。世界至大，不才区区，所知有限。究竟我们先哲所说是世界上唯一的最好的呢，我不知道，或者世界上还有可以与我们先哲媲美，甚至超过我们的呢，我也不知道。

我虽知道柏拉图，然而不如我知道孟子的透彻；我虽知道康德，然而不如我知道王阳明的亲切。我又怎么敢断定说他们如我们，或不如我们呢？如与不如，存而不论。然而吾民族哲学之为民族哲学自若也。还有一层，所谓民族哲学，不一定原来都是由吾民族所自造。纵然原为外来学说，但既已深入人心，与吾民族精神沦浃为一，欲分而无可分，那也就成了吾民族哲学之一部，如佛学就有这种情形。这纯是事实问题，分者不得不分，合者不得不合，并非要把民族哲学的范围扩张到无限大也。倘若有人说这所讲的不是民族哲学，我亦无所争辩，那就请你随便另换个名字好吧。

第三，本文取材，虽伪书亦所不避。"辨伪"是近年来中国学术界的重要工作。这种风气，当然很好。为着认识中国古代的真相，做一番清算工作，是绝对必要的。不过我们应该知道，书籍的真伪是一件事，而其在民族哲学历史传统中所起的作用另是一件事。譬如诸葛亮的《后出师表》，早有人证明其为赝品。然而"汉贼不两立，王业不偏安"，"鞠躬尽瘁，死而后已"，这种"片片从赤心中流出来"的名言大训，不知道博得多少人的眼泪。其所以激荡吾民族的心魂，而陶铸其坚贞的品德者，力量之大，实无可比拟。无论作品伪不伪，但其在民族思想中的影响，总是不可磨灭的。

又如伪《古文尚书》，确乎是伪的了。然而要讲起在民族思想中的影响，实在比那二十八篇所谓《今文尚书》者，远为深刻而普遍。尤其是宋以后的道学家，从伪《古文尚书》中抱取的东西实在太多了。对于一部书，我们不能因其在历史上曾发生影响，就一定要辩护其不伪；同样，也不能因其伪就抹杀其在历史上的影响。

我们就把那些伪书当作"演义"看待吧，"演义"也会发生影响的。譬如《三国演义》，其影响还了得！本文所要讲的是民族哲学，只要某种学说在吾民族中很流行，为大家所熟闻乐道，我们就不妨谈谈。至于那学说出自真书或伪书，我们虽也不妨顺便考证一下，但对于我们的主题是没有多大关系的。书虽伪，但其在历史上的影响却不伪，却是一件事实。研究西洋思想的，不因怀疑荷马而不读他的史诗，不因怀疑耶稣而不读《圣经》。我们又何必固执呢？

第四，本文是一种"随笔"，想怎么谈，就怎么谈，不拘什么形式。我之所以要这样写法，固然是讨便宜，固然也因为自己没有系统思想，不会写大著作，然而也还另有一点意思。近来我觉得这种随笔体颇有一些好处：自抒心得，剪除浮辞，一也；不拘格套，自然成文，二也；取材多方，不致枯燥，三也；既备大著，复自成体，四也；省时省力，可合可分，五也。系统大著，一生中能有几部？有些材料，既不适于写成大著，弃之又复可惜。零金碎玉，俱见精光。亦何妨随时写出，借以自课乎？古人学问，往往于笔记中见之。如顾氏《日知录》，陈氏《读书记》，皆特意采用笔记体裁，精心撰述，遂成名著。若所谓《油炸鬼之研究》《屁之分析》一类大著，纵使有首有尾，纲举目张，亦只好请到字纸篓中去了。话虽如此，我究竟有点"取巧"或"藏拙"。

不立界说，不辨真伪，不拘体裁，此之谓"杂话"而已矣。

一、中

曾经有个时候，国内论坛上讳"中"。从这些人看来，所谓"中"，乃是模棱妥协不彻底之别名。假如说某人不左不右而自处于"中"，这里面是含有嘲笑意味的。其实这是错了。就一般形式而言，就抽象的意义而言，"中"是不容反对的。因为"中"者，无过不及，恰到好处之谓。也许所谓"中"者非真"中"，那是另一个问题。可是既然承认其真为"中"了，而却又加以反对，这无异乎主张"过"或"不及"而后可。一面说是"过"或"不及"了，而一面却说这是对的；一面说是"恰到好处"了，一面却又说这是不对的。岂非自相矛盾？"中"者，中去声也。"中肯","中的","中理"。假若反对"中",是以"不中肯""不中的""不中理"立教也。是恶乎可!现在有反左倾,反右倾,而作"两线斗争"的,难道不是自处于"中道"么?

本来"中"字早就有误解的,如子莫"执中",就是一个。孟子说:"杨子为我……墨子兼爱……子莫执中。执中无权,犹执一也。所恶于执一者,为其贼道也,举一而废百也。"杨子太为己了,墨子太为人了,子莫于是站在中间,取半截杨子,半截墨子,既不彻底兼爱,也不彻底为我;似杨似墨,非杨非墨;调和融会,也似乎很得"中道"之妙了。

然而"中"之为人所诟病,正由于此。"中"是不可"无权"的,不可"执一"的,不可"举一而废百"的。所以说"君子而时中"。随时处中,无一定形体方所可拘。当兼爱时,则兼爱即"中";当为我时,则为我即"中"。"两极"皆"中"。"中"不一定在中间也。王船山(王夫之)说:"此一中字,如俗所言中用之中。道当如是行,便极力与他如是行。斯曰中行。"(《读四书大全说》卷六)又说:"圣人居上不骄,在下不忧。方必至方,圆必至圆。当方而方,则必不圆;当圆而圆,则必不方。故曰规矩方圆之至,圣人人伦之至也。"(《读四书大全说》卷九)这才是"中"的真义。正因为如此,所以"中道"很难。

"道之不明也,我知之矣!知者过之,愚者不及焉。道之不行也,我知之矣!贤者过之,不肖者不及焉。"不是"过",便是"不及",最难得的是"中","天下国家可均也,爵禄可辞也,白刃可蹈也,中庸不可能也"。只要死走一条路都好办。就如"蹈白刃",古今中外能做到的实在太多了。然而"可以死,可以勿死，死伤勇"。蹈白刃还要蹈得恰好。这就不能轻易许人了。若是照子莫执中的办法，倒很容易。这个半斤，那个八两，不分原被告，含糊了事，这种调和派或折衷派的惯技谁不会。然而"中道"不能这样廉价出售。

正因为"中道"难得，怕有假冒，所以孔子早就预防道："不得中行而与之，必也狂狷乎！狂者进取，狷者有所不为也。"又说："乡愿，德之贼也。""乡愿"不"狂"，不"狷"，最近于"中行"。但"似是而非"，孔子恐其"乱德"，所以特别痛恨这种人。孔子最理想的当然是"中行"之士。不得已而求其次，则宁取狂狷，而绝不要乡愿。因狂狷犹可引而进之于中行，而乡愿终"不可与入尧舜之道"也。关于这一层，孟子讲得最透彻，后来阳明、龙谿诸大师对此更极力推阐。反对假中行，正所以维护真中行，我们不可因噎废食。

我们先哲最富有生活的智慧和艺术，其奥妙处就在这个"中"字，一部《中庸》专言"中"，一部《易经》讲"中"的触目皆是。至于"太极""皇极"……都与"中"有关。而且不仅儒书，即佛道两宗，讲到竟究处，亦往往归着在"中"字上。如《庄子·齐物论》中所讲"天钧""道枢""环中""两行"诸义，都是"中道"的妙谛。又如天台宗，乃中国人自创的佛教，其"一心三谛"之说，亦归着于"中"字。智者大师云："破一切惑，莫盛乎察；建一切法，莫盛乎假；究一切性，莫大乎中。"（《传灯录》卷二十七）固然他们的"中"不见得和儒家相合，然而亦可见这个"中"字是究竟话头，尽你讲得极高妙，亦不能超过它了。

二、仁

假如要我用一个字标出孔子的教义，我将毫不迟疑地以"仁"字为教。

《吕氏春秋·不二篇》称"孔子贵仁"，极为恰当。据阮文达公统计，《论语》中"仁"字百有五，而讲"仁"的五十八章。由此可见"仁"字在孔子学说中的重要地位。什么是"仁"？古往今来有许多说法，这里也无须繁征博引。照我的意思，"仁"只是一种恳恻不容已的心情而已。

这个说法，我持之多年，而最初实由读《阳明集》启示出来。阳明在其与聂文蔚第二书中，曾用"真诚恻怛"四字讲"良知"，我认为最亲切。因之就联想到倘若移此四字去讲孔子所谓"仁"，岂不更妙？恰好《中庸》上有"肫肫其仁"一句话，用"肫肫"二字形容"仁"，和"真诚恻怛"的意味正相合。因此我就杜撰出"恳恻不容已的心情"这个说法，用以解释："殷有三仁""力行近乎仁""仁者其言也讱""巧言令色鲜矣仁"……到处贯通。

后来，看到陈兰甫《东塾读书记》中讲"仁"的一段，竟几乎和我所讲的如出一口，这更增加我的自信。近来从《阳明集》中又遇到一段："吾平生讲学，只是致良知三字。仁，人心也，良知之诚爱恻怛处便是仁。无诚爱恻怛之心，亦无良知可致矣。"（《寄正宪男手墨》）这不仅证明我当初用阳明讲"良知"的话转讲"仁"字正合阳明本意，而阳明所以遇孔子于旦暮之间者，亦可于此处窥其消息了。

孔子是一位人文主义者。他既不上僭于天，亦不下夷于物，而只是就人论人，"仁，人也"，"仁，人心也"，人之所以为人，人道所当然，人心所不容已，这就是我谓"仁"。王船山解释《孟子》道"直以仁为人心，而殊之于物之心"（《读四书大全说》卷十），可谓一语破的。凭着这点子"仁"，这点子"良心"，这点子"真诚恻怛"，万善百行都推演出来。直抵本源，当下具足。既不涉于天堂地狱之幽渺，又不拘于谋利计功之俾近。正大而亲切，最足见孔学之精粹。以此为基点而展开一套哲学体系，则不离心而言物，不离行而言知，不离人生而言宇宙，遂成为吾民族之一种特殊传统。这是很值得玩味的。

从儒家丧祭理论中，最足以见其人文主义的精神。关于这一层，在我的几种旧著中屡有说明，这里不愿重述。我现在只指出，这点人文主义的精神，这个"仁"字，的确是孔子的一种特殊贡献。其所以把许多原始时代的遗迹加以合理化，赋予以新意义，新解释，而很巧妙地把古代文化遗产承受下来者在此，其所以独别于各宗各派者亦在此。

"人而不仁，如礼何！人而不仁，如乐何！""礼"是从古传下来的。但把"仁"字当作"礼之本"，在各种"礼"中都贯注以人文主义的精神，却是孔子所特创的。如八蜡之祭，分明是一种拜物教的遗迹。然而孔子却根据"使之必报之"的大义，而云："蜡之祭，下及昆虫草木，仁之至，义之尽也。"（《礼记·郊特牲》）可谓点铁成金。

张横渠（张载）说："礼仪三百，威仪三千，无一事而非仁也。"（《正蒙·天道》）这句话最能道出孔学深旨。顾亭林（顾炎武)《日知录》中有"肫肫其仁"一条,正可作为这句话的具体注脚。试根据这个要点,就各种问题和道墨名法阴阳诸家作一比较研究,当更觉这个"仁"字其妙无穷,这里姑不具论。总之,人只是人,不是神,不是兽。而人之所以为人者就在这个"仁"字,所要"依于仁",这就是一切了。

三、诚

这是三十年前的事了。那时候我还在中学上学,有一位基督教会的朋友偶尔和我谈到孔子学说的中心观念,他拈出一个"仁"字,而我却主张一个"诚"字,因为"仁"字和他们的"博爱"教义相类,而我那时候正读周濂溪(周敦颐)的《通书》,特别重视"诚"字,各就自己的观点立论也。现在想来,有些好笑。就看上节,用"真诚恻怛"四字讲"仁",可知"仁"和"诚"在实际上是一而二,二而一,不能截然分开。如果各自孤立地去讲,那么"仁"也将不成其为"仁","诚"也将不成其为"诚"了。

大概先哲讲学,最重亲切体验,具体认识。会得彻时,纵说横说,无非这些字。什么"性"啦,"天"啦,"中"啦,"仁"啦,"诚"啦,虽然各有取义,各从一方面立说,而精神、脉络,实自贯通。倘若咬文嚼字,泥守训诂家的方法,而不能观其会通,"心知其意",那么到处都将成为断港绝潢。像我们那样讲"仁"和"诚",这是一个例子。

记得二十五年前,我还在北大上学的时候,有一次课堂上马夷初先生提出墨子兼爱和孔子所谓仁何以不同的问题。我回答道："孟子辟告子义外之说。若墨子的兼爱，正可谓之仁外了。"先生首肯。大概一般讲"兼爱"或"博爱"的都是从人群利害的计较上出发，着眼在范围的广大，是从外面生做起来的。但孔子所谓"仁"，却是内发的，是从性命本源自然流出来的。所以说："孝弟为仁之本"，"仁之实事亲是也"。专从人情最诚挚最"真诚恻怛"处讲"仁"。

子贡以"博施济众"为"仁"，孔子不以为然，而告以"己欲立而立人，己欲达而达人，能近取譬，可谓仁之方也矣"。他讲"仁之方"，总要从"近"处起。他要的是真情至性，至于范围大小，"兼"不"兼"，"博"不"博"，那倒是还在其次的。"源泉混混，不舍昼夜，盈科而后进，放乎四海，有本者如是。"这样从根本上自然发展成长起来，是儒家讲"仁"最特异的地方。可是也正因为这样，所以"仁"和"诚"分不开，孟子说："万物皆备于我矣，反身而诚，乐莫大焉。强恕而行，求仁莫近焉。"这是讲"恕"呢？"诚"呢？浑然一片！由此可知《中庸》上大讲"诚"字，正是子思善于发挥乃祖教义处。此处看不透，孔家哲学简直就不能谈了。

本来在子思以前，讲"诚"字的很少，偶然讲到，也很朴素，不过一种普通德性，所谓"诚信"或"诚实"罢了。到子思手里，却把它提升到最高地位，当作自己学说中的一个最高概念。所谓"惟天下至诚，为能尽其性"，以至于"尽人之性"，"尽物之性"，"参天地，赞化育"；所谓"诚者天之道也，诚之者人之道也"；所谓"至诚如神"，"至诚无息"。这比起孔子"仁"的观念，实更是扩大而深化了。及周濂溪作《通书》，简直拿"诚"字代表"太极",更富有玄学的意味。后来这种观念普遍流行于学界。直到明清间诸大师,如刘蕺山、孙夏峰等,都提出"慎独"作诀窍,集中力量于"诚"一关,而这个"诚"字几乎成为道学界的单传秘授了。

究竟什么是"诚"?就字义讲,"诚"只是"真实无妄"的意思。实情,实理,实事,实物,一真一切真,实实在在的宇宙,实实在在的人生,此之谓"诚"。"诚"的反面,是虚幻,是杂霸。儒者的"唯诚论",是从和各种"虚无主义"及"机会主义"的斗争中发展起来的。自庄列的梦幻人世,释氏的方法唯心,以至所有各色各样的怀疑论、诡辩论,一切不承认宇宙人生是非善恶时实有性者,都可归之于"虚无主义"。自霸者假仁假义,乡愿的同流合污,以至苏张申韩,所有一切乘时侥幸,偷取功名者,都可归之于"机会主义"。用顾泾阳(顾宪成)的说法,前者只成就一个"空"字,后者只成就一个"混"字;而且此两者往往合而为一,以"空"为体,以"混"为用。总而言之,不"诚"而已。一个"诚"字,两头开刀,高不入于"空",卑不流于"混"。这才是儒者大中至正之道。假若不是这样,则"牛生马,桃本而李花",天不成其为天,地不成其为地,是非善恶,纷然无辨,真所谓"不诚无物",还成个什么世界呢?

"虚无主义"和"机会主义"虽同是不"诚",但因为前者所托较高,常被取为后者的理论基础,故儒者在理论方面,攻击"虚无主义"为尤甚。顾泾阳谓:"周元公不辟佛,但其书字字辟佛可也。"濂溪的书何以字字与佛相反?即因其整个理论系统建立在"诚"字上,处处和佛家之一切皆空者不能相容也。在与

"虚无主义"对立的理论中,还有个"有"字,比"诚"字用得更普遍。"有"者,实有也,亦即"诚"也。当魏晋时代,"虚无主义"最为流行。裴頠即作《崇有论》以反对之,张横渠以为到处都是"有",而并没有"无",以为圣人只言"幽明之故",而不言"有无之故"。他说:"大易不言有无,言有无诸子之陋也。"这类反虚无主义的话,在《正蒙》中讲得很多,和"唯诚论"的精神完全是一贯的。

四、理气

理气问题是道学家的一个基本问题,好几年以前,我就想写一本《理气论小史》,但终于没有实现,而只写成几篇短文。从冯芝生先生的《新理学》出版以后,这个问题乃又有了新意义,引起一般人的注意。我曾把那本书仔细读过,并曾用一种概括似的文句将全书大旨括为下列一段话:

爰有"大物",厥名曰"天",爰有"大事",厥名曰"道"。此物此事,有"理"有"气"。"理"见乎"气","气"循乎"理"。理气妙合,斯成"实际"。"无名""有名","无极""太极"。"玄之又玄",要在一"而"。"而"为政教,"而"为学艺。从"真"到"实",有待乎"势"。旷观"大全","无字天书"。"本然办法","本然样子"。"穷理""尽性","大仁""大智"。"我心天心","优入圣域"。

假如没有读过冯先生那本书,看这段话怕要觉着莫名其妙吧。其实这里面的中心问题，仍只是一个理气问题。在亚里士多德哲学中，有所谓 Form 和 Matter。前者即类乎此所谓"理"，后者即类乎此所谓"气"。"理"和"气"在实际上本是不能相离的。然而你如果抽象地、纯逻辑地分析起来，却又"气"只是"气"，"理"只是"理"，不能混而为一。哲学家中，有偏重实际事物的，有偏重抽象概念的。换句话说，有偏重"实"的，有偏重"名"的。于是乎形成各种对立的理论体系。如中国先秦诸子中，只有名家重在"名"，其余儒、墨、道、法各家都重在"实"。

荀子批评名家道："惠子蔽于辞而不知实。"这不仅足以代表儒家的意见，试看《墨经》中关于坚白问题的见解，《韩非子》中曾说白马过关的故事，《庄子》中许多批评惠施、公孙龙的地方，都可与此意相通。总而言之，他们都是以为名家专重"辞"，专重"名"，专重抽象的概念，而太不着实际了。然而如果名家来个反唇相讥，也未尝不可说他们是"蔽于实而不知辞"，因为他们都缺乏纯逻辑兴趣的。在欧洲中世纪经院哲学中，有所谓"实在论"和"唯名论"的对立。前者偏重概念，偏重"共相"；后者偏重事物，偏重"个体"。前者把"共相"看作实在的，而"个体"仅为其种种不完全的程度不等的差别表现，后者则认为实在的只有"个体"，而所谓"共相"不过是把具体事物加以抽象分析后所赋予的一种空名而已。

宋明以后，中国思想界有"理气二元论"和"反理气二元论"的对立，其性质与"实在论"和"唯名论"的对立颇有些相似。朱子是"理气二元论"的代表人物，特别表扬"理"的客观性和绝对性。在冯先生的《新理学》中，这种学说得到新发展，成为一种现代化的新理论体系了。然而在当时反对朱子的有陆学和浙学。陆学不离"心"而言"理"，浙学不离"事"而言"理"，都和"理气二元论"正相对立。及明朝中叶以后，"反理气二元论"的旗帜更明显展开了。如刘蕺山、黄梨洲、颜习斋、李恕谷，直至戴东原，都是"反理气二元论"者最明显的代表。

如梨洲说："天地之间，只有气，更无理。所谓理者，以气自有条理，故为之名耳。"显然带"唯名论"的色彩。从各方面看来，"理气二元论"近乎"实在论"，"反理气二元论"近乎"唯名论"。就历史发展的趋势说，从"理气二元论"到"反理气二元论"，乃是从"超现实主义"到"现实主义"的转变，和从"实在论"到"唯名论"也很有些相似。按常识讲，按一般人"现实主义"的自然倾向讲，很容易接受"反理气二元论"的见解。然而在纯逻辑的立场上，"理气二元论"亦自有其不可动摇的阵地。假如互相责难的话，"理气二元论"固然可以被斥为不切实际，然而他们也尽可以反驳道："哲学"原来就不是讲"实际"，而是专讲"真际"的，你们尽管讲你们的"实际"好了，却不必来过问"哲学"。冯先生讲王霸问题时，曾说是有"道德的本然办法"，有"功利的本然办法"。我现在想起援此为例，说"真际"中原有此两种"本然系统""本然命题"，一重在"实"，一重在"名"，"道并行而不相悖"，或亦为冯先生所许可吧。

从"理"和"气"的问题，推演出"理"和"心"及"理"和"事"的问题；又推演出"理"和"情"，"理"和"欲"，及"理"和"势"的问题。对于这一系列问题，"理气二元论"者多予以二元的解释,"反理气二元论"者多予以一元的解释。中国近七八百年来的思想史,大概都是由这两个潮流的错综交织而成。其能以解两方之纷,讲得最圆融者,我以为要推王船山。以船山哲学为基础,可以展开一个新理论体系。我从前写一本《船山哲学》,仅仅略引一点端绪,很希望有人作进一步的研究。

五、天人

我们先哲讲学问到极高深处,往往说"学究天人","通天人之故",犹现在我们常讲宇宙观和人生观也。他们有偏重"天"的,如道家的自然主义是。有偏重"人"的,如儒家的人文主义是。

道家看"人"和"天"是相反的,凡天然的都好,凡人为的都不好。所以他们要"独与天地精神相往来",要"人貌而天行",要"有人之形,无人之情",要如婴儿,如虚舟,如飘瓦。总而言之,把人变得和自然物一样。那就是所谓"天人"了。人而成为"天人",那就与"天"合一,再不是渺小的一个"人"了。因此他们的功夫,是一个"损"字诀,"损之又损,以至于无为";是一个"忘"字诀,"忘仁义""忘礼乐",以至于"坐忘"。什么都"损"完了,"忘"完了,"无知无欲","然独以其形立,此之谓混沌"。

儒家看"人"和"天"是相成的,"天"开其先,而"人"因以完成某种目的。他们一方面认为"天道远,人道迩","不与天争职";一方面却又"穷理尽性",以"参天地,赞化育",

"天道无心而成化","天"是无"心"的。然而"人者,天地之心",人心即天心,所以我们要"为天地立心"。"人受天地之中以生",此人之所以为人者,出发点在此,归宿点亦在此;由此而生,亦为此而生。换句话说,"天"者,"人"之根源,亦即"人"之理想。故尽人事即所以顺天命,不必亦不能于"人"外求"天"也。

"天人合一"是修养上的一种理想境地,儒道两家皆悬此鹄的。然而道家乃灭人以全天,是趋向消极方面;儒家乃尽人以合天,是趋向积极方面。前者清归自然,正是自然主义的本色;后者即人见天,也正是人文主义的本色。荀子批评道家:"庄子蔽于天而不知人。"又说:"由天谓之道,尽因矣。"道家一味因之,其结果违反了人道,因之也就不合乎天道,他们看不起"人",然而终究还只是个"人",而不是个"天"。他们只能成个终日"大天而思之","从天而颂之"的"天"的崇拜者罢了。儒家自安于"人"的本分,只尽其人道,尽其人之所以为人者,亦即是尽其所受于天者。他们不强学天而正合乎天道,与道家要学而反远乎天道者,恰成一个巧妙的对照。

六、义命

命运之说,在中国可算是深入人心。就古代各家学派讲,墨家、法家不信命,而儒道两家都是信命的。但儒与道又自不同。道家崇拜自然,反对一切人为,完全听受命运的支配,可算是极端的定命论者。然而这里面似乎有一点矛盾,因为既是命运决定一切,那么所有"人为"亦皆当受其决定,殊无自由活动之余地；但假如人类根本没有一点活动的自由，他又如何能破坏"自然"，而需要加以反对呢？一方面把人看得非常渺小，离不开"自然"的如来手心，一方面却又要课以破坏"自然"的大罪，这能讲得通么？儒家就不是这样说法。他讲个"命"，又讲个"义"。看似对立，实则一贯。既彻底，又圆融。我们且就这方面一探其奥妙吧。

"义"是什么？简单说"义"就是人道所当为，是人之本分，人之天职。"命"是什么？董仲舒说："命者，天之令也。""天"自然不会谆谆然下命令。所以孟子说："莫之为而为者天也，莫之致而至者命也。"非人所为，非人所致，只好归之于天命。照这样说，"义"是属于"人"的，"命"是不属于"人"的。宇宙间事，有属于"人"的，有不属于"人"的，本是自然之理，可并行不悖。然而就表面看，"天"与"人"，"命"与"义"，正相对立，岂不带点二元论色彩么？其实"义"对于"命"，由于"天"。"天命之谓性"，"义"正是人之"性"，而非外铄。"性"既由于天命，那也就是"义"由于天命了。

正因如此，故"存心养性"，即所以"事天"；"穷理尽性"，即可以"至于命"。在这个意义上，"性"和"命"，也就是"义"和"命"，一脉贯通。所谓"义命合一存乎理"，盖"天"亦此"理"，"命"亦此"理"，"性"亦此"理"也。人的"性"，人之所以为人，是天"命"给我们的。在这个范围内，我们有相当自由。好像政府把命令交给我们，同时授权于我们，让我们自由执行。在这个范围内，我们人要自负其责，而不能诿责于天。这就是人的天职，人的本分，这就是所谓"义"。然而人无论怎样自尽其"义",也仍是执行的命令,执行"天之所以与我者",并不能说与"命"无关。越能自尽其"义",也就是越能执行天之"命"。在这个范围内,"命"和"义"完全是一致的。

然而"命"大而"性"小,"性"由于"命",而并不能说凡"命"皆"性"。有"命"于"人"的,有命于"物"的;有"义理之命",有"节遇之命"。换句话说,有与"义"合一之"命",有出乎"义"以外之"命";有交给"人"自负其责之"命",有非"人"所能干涉之"命",这是应该分别清楚的。孟子说:"求则得之,舍得失之,是求有益于得也,求在我者也。"这属于"义",也就是属于"人"应自负其责的"命"。又说:"求之有道,得之有命,是求无益于得也,求在外者也。"这属于"命",也就是属于"人"所不能干涉的"命"。

《孟子》另一章道:"莫非命也,顺受其正。是故知命者不立乎岩墙之下。尽其道而死者,正命也;桎梏死者,非正命也。""命"之本义为"莫之致而至"。如果还没有自尽其道,自尽其"义",便不能算是"莫之致",因之也就不能算是"正命"。"正命"者,真真正正的命之谓也。前言"天命之谓性",是"义理的命","义"即是"命"。此处所言却是"节遇的命","义"尽方可归到"命"上。

总而言之,儒家从"义"上讲"命",从"人"上讲"天",其理论实较道家坚实有力,自成一个系统。王船山说:

至大而无区畛,至简而无委曲,至常而无推移者,命也。而人恶乎与之？天之命草木而为堇毒，自有必不可无堇毒者存，而吾恶乎知之？天之命虫鱼而为蛇鳄，自有必不可无蛇鳄者存，而吾恶乎知之？弗能知之，则亦恶乎与之？天之所有，非物之所欲；物之所有，非己之所欲，久矣。惟圣人为能达无穷之化。天之通之，非以通己也；天之塞之，非以塞己也。通有塞，塞有通，命圆而不滞，以听人之自尽，皆顺受也。明君以尽其仁，无往而不得仁；哲相以尽其忠，无往而不得忠。天无穷，圣人不自穷，则与天而无穷。天不测，圣人无所测，则物莫能测。外不待无强敌，内不待无盗贼，廷不待无顽谗，野不待无奸宄，岁不待无水旱，国不待无贫寡，身不待无疢疾。不造有而使无，不造无而使有。无者自无，而吾自有。有者自有，而吾自无。于物无所觊，于天无所求，无所觊者无所挠，无所求者无所逆。是以危而安，亡而存。危而造安故不危，亡不造存故不亡，皆顺受也，奚造哉！"（《君相可以造命论》）

这段话把"义"和"命"的问题讲得最圆满透澈。假如从此处出发，深刻研究下去，也许对于目前哲学界所谓"自由与必然"一类问题要别有会心吧。

七、常变

一谈常变问题，就想到"易"。我们知道"易"本来是为卜筮而作，但经后来许多学者的推阐发挥，不仅"占易"，而且要"学易"，要"见易"，于是乎形成一种极渊奥的"易学"。这种"易学"在我们民族思想中发生深刻的影响，不论其原始面目究竟如何，总是值得注意的。照通常字义讲，"易"有"变易"的意思。"易经"者，变经也。有这样一部专讲宇宙间各种变化的"变经"也就很够玩味了。而这部"变经"的讲"变"，又真算高明。照郑康成（郑玄）的解释："易一名而含三义：简易一也，变易二也，不易三也。"此说本出自《易纬乾凿度》，不见得就是"易"的本解，但用以讲常变问题，真是再好没有。"简易"一义，不在本节范围内，我们就"变易"和"不易"二义稍说几句吧。

《易·系辞》说："易之为书也不可远，其为道也屡迁。变动不居，周流六虚。上下无常，刚柔相易。不可为典要，惟变所适。"这段话也许是专就占卜上，象数上，错综变化而言。但至少可以给我们一种暗示，"易"确乎含有"变易"之义，《易经》确乎是一部讲变化的书。然而变化是有法则的。"变易"之中，自有"不易"。知"不易"而不知"变易"，则陷于机械论；知"变易"而不知"不易"，则陷于诡辩论或怀疑论。六十四卦，三百八十四爻，因时因位，多少变化，而当其时，当其位者，又各有其"不易"之则。"变易"而"不易"，"不易"而"变易"，看是多么巧妙呵！

关于"变易"和"不易"，"常"和"变"的问题，王船山论得最精。他在《诗广传》中说："莫变非时，莫贞非是。非时以为贞，则天下亦安足纪哉？……夫至于时而可以贞矣。惊时之变，而不据以为贞，将天下终无吉凶得失是非逆顺合离之十纪，而变亦不足以立。又从而为之辞曰：之十纪者，非天下之固有，而可不设于心者也。《云门》《韶濩》之音，飨爰居于鲁门，而悲鸣去之,耳无适声矣。王之嫱,西之施,鱼见之而潜,鸟见之而飞,目无适色矣。即且甘带,鼠食巴菽而肥,蝉不饮,而蝉以饮饱,口无适味矣。蛙畏牡菊之熏,乌螷趋不洁而如椒桂,鼻无适臭矣。桀非尧之所是,乌反哺以为慈,枭以不尽食其父母为不孝,心无适贤矣。唐虞之所赏,嬴秦之所诛,汉晋之所崇,怀葛之所怪。时者,不足纪者也。而亦恶用纪之为?呜呼!为此说者,知时之变,而不知变之贞,以召疑憎于人也有余,而况上帝哉?当其未为人,不知畏死矣;当其既为人,不知畏不死矣。当其未饥,视炊者之何疾矣;当其已饥,恐炊者之不疾矣。必欲去其贞,因而时之变,则胡弗死耶?胡弗勿炊耶?是知时者,日新而不失其素者也。……易之时六十有四,时之变三百八十有四,变之时四千八十有六,皆以贞纪者也。故曰:'易简而天下之理得矣。'"(《诗广传·上雅十九》)

"象"而有其"贞",亦即"变"而有其"常"有其"不易"。"无适声""无适色"云云,是古今中外多少怀疑论、相对论或诡辩论者常有的论调。他们都是"知时之变,而不知变之贞",不知"变易"中自有"不易"。

"人食刍豢,麋鹿食荐,即且甘带,鸱枭嗜鼠",这是"变",却也就是"常";是"相对"的,却也正是"绝对"的。不然鸱枭何以不食刍豢?而人何以不食腐鼠?食刍豢者总是食刍豢,食腐鼠者总是食腐鼠,这岂不是"常"?即"变",即"常";即"相对",即"绝对",而且离了这一切"变"亦别无所谓"常",离了这一切"相对"亦别无所谓"绝对"。"常"不离"变",无"变"非"常"。这是常变问题最圆融的解释。

讲到这里，使我们又联想到"时中"。随"时"而各有其"中"，这是最"常"而又最"变"，最"变易"而又最"不易"的。求时时变易的不易之"中"，是儒者"精义"之学，也正是"易学"的奥妙。船山在《周易大象解》的序上说："天下无穷之变，阴阳杂用之几，察乎至小至险至逆，而皆天道之所必察。苟精其义，穷其理，但为一阴一阳所继而成象者，君子无不可用之以为静存动察修己治人拨乱反正之道。故'否'而可以俭德避难，'剥'而可以厚下安宅，'归妹'而可以永终不敝，'姤'而可以使命诰四方。略其德之凶危，而反诸诚之通复，则统天地雷风电木火日月山泽已成之法象，而体其各得之常。故'乾'大矣，而但法其行；'坤'至矣，而但效其势。分审于六十四象之性情，以求其功效，乃以精义入神，而随时处中，天无不可学，物无不可用，事无不可为。循是以上达，则圣人耳顺从心之德也。"从那纷纭变化的每一卦每一爻中，从各别的"时"和"位"中，求其"义"，求其"理"，求其"贞"，求其"常"，以随时处"中"，这样讲"易学"，才真是儒者大中至正之道。

在《读四书大全说》中，船山亦云："程子以孔子为乘田则为，为司寇则为，孟子必须得宾师之位，定孔孟差等。如此说道理，是将孔子竟作释氏一乘圆教四无碍看。圣人精义入神，特人不易知尔。岂确有于此亦可，于彼亦可，大小方圆，和光同尘之道哉？孟子曰：孔子圣之时，与易六位时成之义同。岂如世俗之所谓合时者耶？春夏秋冬，固无一定之寒暑温凉；而方其春则更不带些秋气，方其夏则了了与冬悬隔。其不定者，皆一定者也。圣贤有必同之心理，斯有可同之道法。其不同者，时位而已。一部《周易》，许多变易处，只在时位上分别；到正中，正当，以亨吉而无咎，则同也。"所谓"孔子圣之时"，必须这样讲才妥当。不然，高则为佛老，卑则为乡愿，与世浮沉，"泛兮，其可左右"，和时中之道实有毫发千里之辨。"其不定者，皆一定者也。"这真是绝妙的"易学"，绝妙的常变论。

八、一多

不管佛书中的一多问题究竟怎样讲法，在传统的儒学中亦自有一多问题的。《易·系辞》："同归而殊涂，一致而百虑。"其同归而一致者，"一"也；殊涂而百虑者，"多"也。"多学而识"，"多"也；"一以贯之"，"一"也。"博文"，"多"也；"约礼"，"一"也。"小德川流"，"多"也；"大德敦化"，"一"也。俗儒专务博闻强识，见"多"而不见"一"。禅家却又想离开"多"，一超直入的，找出个"一"来。其实"多"不离"一"，"一"不离"多"；万殊而一本，一本而万殊。如艺术上所谓"多样的统一"者，才是正当看法。宋儒有"理一分殊"之说，正为反对悬空求"一"而发。朱子常引李延平（李侗）的话："理不患其不一，所难者分殊耳。"所以他后来教人，强调"分殊"方面，不喜"笼统宏阔"之言。他要"铢铢而称之，至乎钧而必合；寸寸而度之，至于丈而不差"。这种"就实入细"的功夫，实是为现在一班好讲空洞原则者的针砭。朱学家反对陆王派趋捷径，说他们近"禅"，其理论根据也就在这个地方。

"一"与"多"的问题，又可归纳为"一"与"两"的问题。因为万象虽"多"，而皆有对，可以名之为"两"。程明道说:"天地万物之理,无独必有对,皆自然而然,非有安排也。每中夜以思,不知手之舞之,足之蹈之也。"他看万物都是两两相对,领悟出一种自然的妙境。张横渠也说:"万物虽多,其实一物,无无阴阳者。以是知天地变化,二端而已。"这也是把万物归纳为"两"。横渠更特别提出"一"和"两"的关系道:"两不立则一不可见,一不可见则两之用息。两体者,虚实也,动静也,聚散也,清浊也,其究一而已。"实体本"一",其表现则为"两"。"两"者,"一"之"两",似"两"而实"一"也。然"一"不可见,凡可见的都是"两",离"两"亦无所谓"一"也,因此讲"一"的往往只从"两"上讲。如上面所引明道的话,表面上虽是指点出一个两两相对的现象世界,但其意中实影射一个无对的实体,"引而不发,跃如也"。横渠既特别强调这个"两"字,而且更切实地说:"有象斯有对,对必反其为,有反斯有仇,仇必和而解。"这简直是讲正一反一合了。

这个道理,船山更用来谈《易》,非常微妙。他说:"凡言位者,必有中焉,而易无中。三之上,四之下,无位也。凡言中者,必一中焉,而易两中。贞之二,悔之五,皆中也。无中者散以无纪,而易有纪。两中者歧而不纯,而易固存。……故易立于偶,以显无中之妙,以著一实之理,而践其皆备者也。一中者不易,两中者易。变而不失其常之谓常,变而失其常非常矣。故曰:执中无权,犹执一也。中立于两,一无可执。于彼于此,道义之门。三年之哭无绝声,哀亦一中矣。燕射之终无笕爵,乐亦一中矣。春补秋助而国不贫,恩亦一中矣。衅社孥戮而民不叛,威亦一中矣。父师奴,少师死,俱为仁人;伯夷饿,太公封,俱为大老,同其时而异其用,生死进退而各一中矣。则极致其一而皆中也。其不然者,移哀之半,节乐之全,损恩之多,补威之少,置身于可生可死之中,应世以若进若退之道;乃华土所以逃讥,而见一无两,可其可而不可其不可,畸所重而忘其交重;则硁硁之小人所以自棘其心也。一事之极致,一物之情状,固有两途以合中,迹有异而功无殊。而中者,尽事物而贞其至变者也。故合体天地之撰而用其盈,则中之位不立;辨悉乾坤之德而各极其致,则中之位可并建而惟所择。故曰:三才之道,大全统乎一端,而一端领乎大全也。"(《周易外传》卷六)

这段话自然只能算船山自己的一套"易学",不见得当初画卦就有此意。然而道理讲得真精彩,时中之义可算是发挥尽致了。每一卦六爻,上三爻以第五爻为"中",下三爻以第二爻为"中"。两"中"并建,表示"中"有许多,而并没有一个固定的唯一的"中"可执。"一"就在"两"中,在"多"中。从"两"上,从"多"上,显示出"一"来。所谓"乾坤毁无以见易也"。天下事往往相反相成,"如东西之相反,而不可以相无"。就像思想史上的朱陆两派,本是对立的。然而有朱即不可无陆,有陆即不可无朱。章实斋(章学诚)说他们是"千古不可合之同异,亦千古不可无之同异"。既不漫为调和,也不入主出奴。听其并立而代兴,以观道之大全。这真是一种通识。"万物并育而不相害,道并行而不相悖。"这种思想上的民主精神,是很值得赞扬的。

常听人说:儒者有体有用,佛老有体而无用,申韩有用而无体。这是以道德为体,事功为用,所以如此说。其实体用相连,有是体乃发作用，有是用乃显是体。佛老申韩，各自有其体用。如佛老以虚空为体，以因应为用；申韩以法令为体，以赏罚为用，何尝专有用或专有体，又何尝可以取这个体而合上那个用呢？儒者之体，非佛老之体；儒者之用，非申韩之用；而且单就儒言，体用也不是可以截然分开的。

朱子讲《太极图》谓："……此阴之静，太极之体所以立也……此阳之动，太极之用所以行也。"从阴静阳动上分体用，这是不对的。所以黄梨洲驳他道："太极既为之体，则阴阳皆为其用。"阴阳动静都是"用"，只有太极才是"体"。"用"者，"体"之"用"；阴阳动静者，太极之一阴一阳，一动一静也。倘以其静而阴者为"体"，那么当其动而阳时即无"体"乎？如此则"用"生而"体"即灭，"体"既灭则"用"亦无从生。这如何讲得通呢？并且朱子还要在"中正仁义"上分出阴阳体用来，真是越讲越支离了。若以太极为体，则阴静时也是它，阳动时也是它，犹喜怒、哀乐、作止、语默，总是这个人也。然而人总是在那里或语或默，或作或止的；并没有一个既不语又不默，既不作又不止的人。

同样，太极总是在那里一阴一阳，一动一静的；并没有一个既不阴又不阳，既不动又不静的太极。假如真有那么个东西，超然独立于阴阳动静以外，那么它也将与阴阳并立而为三，就不成其为太极了。由此可知"用"虽由"体"而生，但离"用"实亦无从所谓"体"。那正和"一"不离"多"，"常"不离"变"一样。大概儒者总在"用"上讲，所谓"流行即是本体"，他们是不大喜欢悬空去讲什么本体的。如"中庸"的"庸"字，即应作"用"字讲。"中庸"者,中之"用"也。《中庸》全书都是讲"中"之"用"。"庸德""庸言""庸行",也是说"日用之德""日用之言""日用之行"。唯其是"日用",所以又可引申为"寻常"之义。儒者所讲都是日用寻常之道,亦正因其只在道之"流行"上,只在"用"上讲也。

可也奇怪!以庄子那样谈玄说妙,力探本体,然而在《齐物论》中偏偏提出来个"寓诸庸"。他并且解释道:"庸也者,用也;用也者,通也;通也者,得也。适得而几矣。"只要"适得",走得"通",合乎"用",就可以。这简直是一种"唯用论"了。并且他不干脆说个"用"字,而偏说个"庸"字,恐怕也是取"日用寻常"之义。这样一来,和儒者竟像成了同调。然"庸"而曰"寓",可见他仍不死心塌地安住在"庸"上,而只是顺便寄托一下,好像神仙应迹显化似的,他心中实自有一种玄妙的真体在。其实连最称玄妙,直悟本体的"禅",也自托于日用寻常。所谓"至理并妙道,运水与搬柴",他们是要从日用寻常中看出至理妙道来。还有最近"禅"的杨慈湖(杨简),其学说玄妙极了,然而他偏口口声声地说自己的道是"庸常平直"。越说得平常,越显出玄妙。试看《中庸》和《易传》,何尝有此气味。由此益可见原始儒者布帛菽粟之言真不可及了。

宋明道学家受佛老影响,每好讲"心体""道体",和原始儒家的朴素面貌颇有些不类。自周濂溪的"主静立极",程门的"求未发之中",直至刘蕺山的"懔闲居以体独",都是要在"体"上下功夫。"主静立极"之说,也是以"静"言"体",似乎和朱子相同。其实不然。因为濂溪既明明自注"无欲故静",

蕺山更加以说明道"循理为静，非动静对待之静"，而朱子所说的"静"，恰好与"动"相对。故"主静立极"之说可通，而谓"阴静"为"太极之体所以立"者，其说不可通也。试看《通书·动静》章，当可领会濂溪本旨。但无论讲通与否，总之他们都着重那个"体"。直到颜习斋（颜元）出来，高唱习行主义，说尧舜周孔都是教天下以"动"之圣人，才干脆丢开那个"体"，而专从"用"上立说，这是我们思想史上一个划时代的变迁。

九、行知

不离"行"而言"知"，是我们民族哲学的一个特色。比着西洋学者，我们可算是缺乏纯知识的兴趣。他们有许多哲学问题，叫我们看来，简直是一种"戏论"，一种知识的游戏。近年来他们虽然也很提倡行动主义，但究竟还是我们讲得道地些，因为我们从来就是不离"行"而言"知"的。我们先哲对于"知"的看法，简直可说是 for the "行"，by the "行"，of the "行"。荀子说："万物之怪书不说，无用之辩，不急之察，弃而不治。若夫君臣之义，父子之亲，夫妇之别，则日切磋而不舍也。"（《天论》）他只讲关于"行"的"知"，而不讲无关于"行"的"知"。孟子亦说："智者无不知也，当务之为急。……尧舜之智，而不偏物，急先务也。"又说三代之学，皆所以明人伦。所谓"人伦"，所谓"先务"，正是荀子所说"日切磋而不舍"的君臣父子那一套，全是属于"行"和为着"行"的。而这些关于"行"的"知"，亦正由"行"中，由日常生活、日常实践中，体验推求出来，并非茫茫荡荡，空想，外骛；所谓"切问"而

"近思"者此也。这可以说是一种"唯行论",或"行为中心主义"。

一提到"唯行论",我们很容易联想起颜李学派,这是当然的,因为他们专讲实习实行。然而还有一个重要人物我们不应忽略的,那就是王阳明。尽管表面上他讲得那样玄妙不易捉摸。但实际上他也是以"行"为中心的。他的知行合一论,本是正对着从"知"入手的朱学而发。他认为:"未有不行而可以言学者,则学之始固已是行矣。"他从"行"入手去"学",有"行"不通处,然后"问",然后"思",然后"辨",都弄明白了,然后再来个"笃行之"。始于"行",终于"行"。而"知"只是"行"中间的一个过程,为"行"所使用的一种工具。所谓"博文"是"约礼"的功夫,"惟精"是"惟一"的功夫,"格物"是"诚意"的功夫,"明善"是"诚身"的功夫,"道问学"是"尊德性"的功夫,都从此推演出来。他完全是就"行"上讲"知"的。其实就连朱子,虽然把"知""行"分开,并且先"知"而后"行",但此不过入手处不同,其中心究竟还是放在"行"上,他所讲的"知"仍是荀子所谓"日切磋而不舍"的关于"行"的"知"。他究竟不是空谈理论,或漫为博闻强识,他究竟不是为知识而求知识。老实说,不仅颜李,也不仅阳明和朱子,在所有中国传统哲学中,尽管形式上,程度上,有种种差异,但大部分学者总都是趋向"唯行论"的。

这种"唯行论"自然也有毛病,容易把知识学问拘限在一种狭隘简陋的境地中,而不能有精深严密的专门造诣。因为有许多专门知识不一定直接牵涉到"行"上。如果持极端的"唯行论"

观点，那么许多科学知识将被视为琐屑，诡异，耍把戏。我们的传统思想，重"道"而轻"艺"，就和这有关系。照这样看法，解剖一个虫、一只鸟，分析一滴水、一撮土，死啃一个名词，细演一列公式，何关于天德、王道。可是这样一来，什么生物学、化学、逻辑……许多科学，就都无成立之望。

我们过去历史上本有多少科学萌芽，其所以不能发育成熟，真正建立起一套科学体系者，其症结就在一般学者只注意天德、王道，而不重视那些关于事事物物的琐屑知识。正因为太重"行"，其结果反于"行"不利，这是我们应当反省的。我们应该发展各种专科知识使为我们的"行"服务，而不应该把这些知识看成"行"以外的东西，而加以轻蔑。我们应该"成德"，同时也要"达材"。我们成了"专家"，同时也绝不妨害我们做个"通人"，关于这一层，最好看看王阳明的拔本塞源论，和他拿精金喻圣人的一段话。从那里可以得到一种暗示，使我们知道怎样在"唯行论"的立场上去发展我们的"知"。

通常对于"知"有两种恰好相反的错误见解：一个把"知"看得太重要，一个是把"知"看得太不重要。前者务于使人"知"，却忘记了"知难行易"，"不知亦能行"。有许多事，对于许多人，本来只可使"由之"，不可使"知之"。孔子说："尧舜之世，比屋可封，弗知焉耳。""人莫不饮食也，鲜能知味也。"如何能都使人"知"，又何必都使人"知"呢？后者专讲"行"，而忽略了"知"，对于"行"的作用，忽略了"知"的本身也就是一种"行"。即如科学家在研究室中的活动，难道不算他的一种"行"，而必须更叫他去"行"什么呢？

十、王霸

我们先哲有所谓"内圣外王"之学，圣功王道，一以贯之。可是另外还有一种"霸道"，和"王道"正相对立，形成中国政治思想史上两大基本路线。从具体内容上讲，无论"王道"或"霸道"，都早已成为历史上的陈迹；然而就其所含抽象的意义讲，直到现在，还值得玩味。

我们先哲最严于"义利之辩"，深一层讲，就是所谓"理欲之辩"，而其表现于政治上的，就是王霸之辩。王道尚"德"，霸道尚"力"；王道重"礼"，霸道重"法"；王道贵"义"，霸道贵"利"；王道出乎"天理"，霸道出乎"人欲"。总之，照孙中山先生的说法，王道是讲"公理"的，霸道是讲"强权"的。我们倘若不拘泥王道和霸道的具体历史内容，专就其所含抽象的意义，就其纯形式方面而言，当然可以这样讲法。我们尽不妨取其远景，把王道看作一种"公理政治"，霸道看作一种"强权政治"。在这种意义上，无论谁当然都是要贵王而贱霸的。

然而事实上中国历代帝王总都是"义利双行，王霸杂用"。即平常讲"有强权，无公理"的亦大有其人。他们总认为什么公理、王道之类，虽然很好，但只是一种美妙的理想，并不能兑现。强权，霸道，虽然说起来不好听，然而"论卑易行"，倒是切合实际的。其实这是一种浅见。就小处看，就短时间看，或许是"强权"得势，"霸道"横行。然而就大处看，就长时间看，综合各方而观其会通，得最后胜利的，究竟还是"王道"和"公理"。

"王道"和"公理",是"日计不足,岁计有余"的。只有从"王道"和"公理"上发生出来的力量,才是最有根基,颠扑不破的真实力量。一班持王道无用论者,总觉得仁义道德是空谈,不济什么事,而其所引为例证者,无非是宋襄公、徐偃王之类。其实这班亡国之君,根本就不懂得什么是"王道"。他们只是浮慕仁义道德之空名,取古人形似而依仿假借之,何尝有一点真精神?又怎么能发生真力量呢?

"是集义所生者,非义袭而取之也。""集义"是一种"真力积久"的功夫。必须时时刻刻,"造次","颠沛",不离乎仁义,积累久了,自然"充实而有光辉"。所谓"盈科而后进","有本者如是"。这才能发生出力量,见"王道"之大用。倘若仅是"义袭而取",从表面抄袭个仁义样子,而素日安身立命地方,满不是么回事;好似一个穷人骤然借来一套素所未见的华美衣服穿在身上,自己照照镜子,也觉得局促不安。如此而欲克复暴力,发挥"王道"之大用,真所谓杯水车薪,操一豚蹄而祝"穰穰满家",当然是没有效果的。

孟子有言:"五谷者,种之美者也,苟为不熟,不如荑稗。"未熟的五谷还不如荑稗有用处,然而它毕竟还是"种之美名",我们亦求其"熟"而已矣。对于"王道",应当作如是观。

当国民革命军北伐时代,北洋军阀的武力本钱胜于革命军,然而被革命军打得如摧枯拉朽。那时候我正给学生讲《孟子》,这才真懂得所谓"委而去之""得道多助,失道寡助""仁者无敌""东征西怨"一类话,绝非欺人之谈。从这次抗日战争中,我更觉得战争是整个国力的比赛,军事问题和整个政治问题息息相关。于是乎对于《荀子·议兵》篇的理论，特别叹服。因为他完全是从整个政治问题上谈兵，从整个国力上谈兵，处处从远大地方，从根本地方着眼。"齐之技击不可以遇魏氏之武卒，魏氏之武卒不可以遇秦之锐士，秦之锐士不可以当桓、文之节制，桓、文之节制不可以敌汤、武之仁义。"确乎是持之有故，言之成理，绝不是开口唱高调。这些地方如果不能信得过，当然没什么"王道"可讲的。

我们不要把"王道"看得太简单，把"王者"都看成婆婆妈妈的。须知"王者"自有其"聪睿神武""天锡勇智"；时而天清地宁，时而风行雷厉，一旦发挥出"德威"来，实非"霸者"所能当。普通的错误，在乎把"王道"和"霸道"简单地平列地对立起来。"王道"合理而没有用，"霸道"有用而不合理。于是乎王霸交杂，而终归于"霸道"。

人生三种问题

梁漱溟

这样一个根本的说法,加以三层修订,大体上可以说是妥帖的了。我们对于三方面文化的观察,以及世界未来文化的推测,亦皆出于此。这时我们再来看,虽然每一"事"中的问都有一答,而所答的不一定使我们的要求满足。大约满足与否可分为下列四条来看:

(一)可满足者此即对于物质世界——已成的我——之奋斗;这时只有知识力量来不及的时候暂不能满足,而本是可以解决的问题。譬如当初的人要求上天,因为当时的知识力量不及所以不能满足,而自发明氢气球、飞行机之后也可以满足,可见这种性质上可以解决的要求终究是有法子想的。

(二)满足与否不可定者:如我意欲向前要求时为碍的在有情的"他心",这全在我的宇宙范围之外,能予我满足与否是没有把握的。例如我要求旁人不要恨我,固然有时因为我表白诚恳可以变更旁人的"他心",而有时无论如何表白,他仍旧恨我,或者口口声声说不恨而心里照旧的恨。这时我的要求能满足与否是毫无一定，不能由我做主的，因为我只能制服他的身体而不能制服他的"他心"；只能听他来定这结果。

（三）绝对不能满足者：此即必须遵循的因果必至之势，是完全无法可想的。譬如生活要求永远不老死，花开要求永远不凋谢，这是无论如何做不到的，绝对不可能的，所以这种要求当然不能满足。

（四）此条与以上三条都不同，是无所谓满足与否，做到与否的。这种生活是很特异的，如歌舞音乐以及种种自然的情感发挥，全是无所谓满足与否，或做到做不到的。

人类的生活大致如此。而我们现在所研究的问题就是：文化并非别的，乃是人类生活的样法。那么，我们观察这个问题，如果将生活看透，对于生活的样法即文化，自然可以有分晓了。但是，在这里还要有一句声明：文化与文明有别。

所谓文明，是我们在生活中的成绩品——譬如中国所制造的器皿和中国的政治制度等都是中国文明的一部分。生活中呆实的制作品算是文明，生活上抽象的样法是文化。不过文化与文明也可以说是一个东西的两方面，如一种政治制度亦可说是一民族的制作品——文明，亦可以说是一民族生活的样法——文化。

人生的三路向

梁漱溟

以上已将生活的内容解释清楚,那么,生活既是一样的,为什么生活的样法不同呢?这时要晓得文明的不同就是成绩品的不同,而成绩品之不同则由其用力之所在不同,换言之就是某一民族对于某方面成功的多少不同;至于文化的不同纯乎是抽象样法的,进一步说就是生活中解决问题方法之不同。此种解决问题的方法——或生活的样法——有下列三种:

(一)本来的路向:就是奋力取得所要求的东西,设法满足他的要求;换一句话说就是奋斗的态度。遇到问题都是对前面去下手,这种下手的结果就是改造局面,使其可以满足我们的要求,这是生活本来的路向。

(二)遇到问题不去要求解决,改造局面,就在这种境地上求我自己的满足。譬如屋小而漏,假使照本来的路向一定要求另换一间房屋,而持第二种路向的遇到这种问题,他并不要求另换一间房屋,而就在此种境地之下变换自己的意思而满足,并且一般的有兴趣。这时下手的地方并不在前面,眼睛并不望前看而向旁边看；他并不想奋斗的改造局面，而是回想的随遇而安。他所持应付问题的方法，只是自己意欲的调和罢了。

（三）走这条路向的人，其解决问题的方法与前两条路向都不同。遇到问题他就想根本取消这种问题或要求。这时他既不像第一条路向的改造局面，也不像第二条路向的变更自己的意思。只想根本上将此问题取消。这也是应付困难的一个方法，但是最违背生活本性。因为生活的本性是向前要求的。凡对于种种欲望都持禁欲态度的都归于这条路。

所有人类的生活大约不出这三个路径样法：（一）向前面要求；（二）对于自己的意思变换、调和、持中；（三）转身向后去要求；这是三个不同的路向。这三个不同的路向，非常重要，所有我们观察文化的说法都以此为根据。

说到此地，我们当初所说观察文化的方法那些话——见第二章——可以明白了。生活的根本在意欲而文化不过是生活之样法，那么，文化之所以不同由于意欲之所向不同是很明的。要求这个根本的方向，你只要从这一家文化的特异彩色，推求他的原出发点，自可一目了然。现在我们从第一步所求得的西方文化的三大特异彩色，去推看他所从来之意欲方向，即可一望而知他们所走是第一条路向——向前的路向：

（一）征服自然之异采。西方文化之物质生活方面现出征服自然之采色，不就是对于自然向前奋斗的态度吗？所谓灿烂的物质文明，不是对于环境要求改造的结果吗？

（二）科学方法的异采。科学方法要变更现状，打碎、分析来观察；不又是向前面下手克服对面的东西的态度吗？科学精神于种种观念、信仰之怀疑而打破扫荡，不是锐利迈往的结果吗？

（三）德谟克拉西（"民主"Democracy 的音译）的异采。德谟克拉西不是对于种种威权势力反抗奋斗争持出来的吗？这不是由人们对人们持向前要求的态度吗？

这西方化为向前的路向真是显明得很，我们在前文所下的西方化答案："西方化是以意欲向前要求为根本精神的。"就是这样观察得到的。我们至此算是将预定四步讲法之第二步做到，点明西方化各种异采之一——本源是在"向前要求"的态度了。

中国形而上学的大意

梁漱溟

此刻我们来讲中国这一套形而上学的大意。中国这一套东西，大约都具于《周易》。《周易》以前的《归藏》《连山》，和《周易》以后流布到处的阴阳五行思想，自然也不能全一样，然而大致总一样的，足可以《周易》代表他们。又讲《易经》的许多家的说法原也各有不同，然而我们可以说这所有许多的不同，无论如何不同，却有一个为大家公认的中心意思，就是"调和"。

他们虽然不一定像这样说词，而他们心目中的意思确是如此，其大意以为宇宙间实没有那绝对的、单的、极端的、一偏的、不调和的事物；如果有这些东西，也一定是隐而不现的。凡是现出来的东西都是相对、双、中庸、平衡、调和。一切的存在，都是如此。

这个话都是观察变化而说的，不是看着呆静的宇宙而是看宇宙的变化流行。所谓变化就是由调和到不调和，或由不调和到调和。仿佛水流必求平衡，若不平衡，还往下流。所差的，水不是自己的活动，有时得平衡，即不流，而这个是不断的往前流，往前变化；又调和与不调和不能分开，无处无时不是调和，亦无处无时不是不调和者。

阴阳等字样，都是表示相对待两意味或两势力。在事实上为两势力，在吾人观察上则为两意味。他们说无处无阴阳即无处非调和，而此一阴或一阳者又各为阴阳之和。如是上下左右推之，相对待相关系于无穷。相对待固是相反而即是相成，一切事物都成立于此相反相成之调和的关系之上；纯粹的单是没有的，真正的极端是无其事的。这个意思我认为凡是中国式思想的人所共有的；似乎他方也偶有一点，不过我记不清；我只记得从前看到一本书叫作《相对原理》（*Principle of Relativity*），是美国人卡鲁士（Carus）著的，他讲爱因斯坦的相对论，其间有好多话惹我注意。

他所有的话都是根据"宇宙是大流"的意思而说，一切东西都在这大流中彼此互相关系。其最要紧的话就是：一切都是相对，没有自己在那里存在的东西。似乎同我们的意思很相契合，我觉得爱因斯坦的发明不但使两个相远不相涉之外的静的罗素哲学与内的动的柏格森哲学得一个接触，并且使西洋的、印度的、中国的东西都相接触。又柏格森的哲学固与印度思想大有帮忙，似也有为中国思想开其先路的地方。譬如中国人所用这出于直觉体会之意味的观念，意有所指而非常流动不定，与科学的思路扞格不入；若在科学思路占唯一绝对势力的世界就要被排斥不容存留。而今则有柏格森将科学上明确固定的概念大加指摘，他以为形而上学应当一反科学思路要求一种柔顺、活动的观念来用。这不是很像替中国式思想开其先路吗？

这形而上学之所以为其形而上学的，有一个根本的地方就是无表示。凡一切事物的存在为我所意识的都是一个表示。平时我们的说话法，一名一句都是一个表示；不但语法，即所有感觉，也都是一个一个的表示。因吾人是生物，一思一感皆为有所问而要求一个答，就必须有表示。无意旨的不表示是与我们不相干的，不是我们所能意识及感觉的。所谓要求表示就是要求对于他们的实际问题有关，有影响，这是生物的本性。从这本性就发生知识，其精的即为科学。形而上学则超出利害关系以求真，所以不是这一路。

譬如我们说的变化，都是由调和到不调和，结果又归于调和，我们只是不得不用言语来表他，实在这从调和到不调和的两者中间也未尝不调和，没有法子可以分出从某至某为调和，从某至某为不调和；即求所谓调和不调和实不可得，不过言语表明的力量限于如此罢了。我们直觉所认的一偏不调和，其实还是调和，此下之调和与上之不调和又为一调和，如是之调和为真，盖两相消而无表示也，然无表示亦一表示。这不惜为两相冲突的说话就是形而上学的说话，凡是形而上学的说话都是全反平时说话法的，若不与平常说话相反就不是形而上学。盖非翻过这些生物的态度不可。柏格森之形而上学为反科学的，亦可为此种派头开其先。

我们试就易卦讲几句。卦盖即悬象以示人之意，每一个卦都是表示一个不调和，他是拿这些样的不调和来代表宇宙所有的不调和。他的数目或者加演再多也可以，不过姑且定六十四卦来说。这一卦又分个内外上下，还又分六层次去讲；例如，《易经》

头一个卦：

这卦是乾上乾下。又从底下挨着次序一爻一爻也都是——的表示。最下一阳爻——他们叫作初九——因为阳伏藏在下就用"潜龙"两字表示那意味，在这种意味上最好是勿用，勿用其占得的意味也；如是象，如是占，为一调和。我看见《周易折中》引饶鲁的话最明白，他说："一爻有一爻之中：如初九潜龙勿用，就以潜而勿用为中；九二见龙在田利见大人，就以见为中；九三君子终日乾乾，就以乾惕为中；九四或跃在渊，就以或跃为中；卦有才有时有位不同，圣人使之无不和乎中。"

这根本即是调和就好，极端及偏就要失败。还有我仿佛记得王船山讲这乾卦说，有一完全坤卦隐于其后，颇为别家所未及，要算是善于讲调和的。如是之中或调和都只能由直觉去认定，到中的时候就觉俨然真是中，到不调和的时候就俨然确是不调和，这非理智的判断，不能去追问其所以，或认定就用理智顺着往下推；若追问或推理便都破坏牴牾讲不通了。

关于这面的话大约只好以此为止，因为自己没有什么研究也说不出别的话来。不过我很看得明孔子这派的人生哲学完全是从这种形而上学产生出来的。孔子的话没有一句不是说这个的。始终是这一个意思，并无别的好多意思。大概凡是一个有系统思想的人都只有一个意思，若不只一个，必是他的思想尚无系统，尚未到家。孔子说的"一以贯之"恐怕即在此形而上学的一点意思。

胡适之先生以为是讲知识方法，似乎不对。因为不但是孔子，就是所有东方人都不喜欢讲求静的知识，而况儒家尽用直觉，绝少来讲理智。孔子形而上学和其人生的道理都不是知识方法可以去一贯的，胡先生没有把孔子的一贯懂得，所以他底下说了好多的"又一根本观念"，其实哪里有这许多的根本观念呢！不过孔子中心的意思虽只一点，却演为种种方面的道理，我们要去讲他，自然不能不一一分讲，但虽然分讲，合之固一也。

中国哲学和西洋哲学的比较研究

李石岑

在我们研究中国哲学和西洋哲学之史的发展过程上,有一件事是值得我们注意的,便是中国哲学从成长期到发展期的各个阶段,就形式上讲,竟和西洋哲学发展的各阶段有极相同的地方。由于历史条件所决定的哲学思想,在同一个时期内,我们可以从形式上,从各家思想的总汇上,找到它们的一致的倾向。这样,我们拿来作一回比较研究,绝不是一件没有意义的事。

为研究便利起见,把中国哲学和西洋哲学的发展过程,同样划分为三时期。每一时期举出几个哲学家的思想作为代表,同时把它们的社会背景加以简单的说明,然后寻出它们的异同,作我们研究的指针。

第一,成长期　中国哲学成长期(公元前3世纪以前)

西洋哲学成长期(公元前4世纪以前)

第二,嬗变期　中国哲学嬗变期(公元前3世纪至17世纪中)

西洋哲学嬗变期(公元前4世纪至17世纪初)

第三，发展期　中国哲学发展期（17 世纪中至现在）

西洋哲学发展期（17 世纪初至现在）

现在依次将各期哲学思想分别比较如下。

第一期"成长期"的比较

中国哲学的成长期，完成在秦代以前的一个时期里，亦即完成在封建制度一个完整时期里。封建制度的核心，是建筑在地主对农民的经济剥削基础上。从西周以后，这种剥削关系，日甚一日，春秋战国以后，因商业资本的发达，虽然给封建制度一个打击，如自然经济的破坏，土地私有及土地买卖的促成等等，是其最显著的征象，可是封建制度并不因而破坏；它的整然的体系即地主对农民剥削的体系，仍是存在的。这种体系不仅存在，而且更巩固一步。

在自然经济时代，生产的目的只在满足自己的要求，所以剥削的程度尚有一定的制限；及至商业资本发展以后，地主的奢侈的欲望，无形中一天一天地增高，因之对农民的剥削遂一天一天地加重。这不是剥削的体系更巩固一步么？政治上的情形正复如此。所以政治上主要的力量总在封建地主阶级的手中。就讲到从秦朝以后一直到近代的政治，又何莫不然？不过自秦以后，封建社会的形态发生多少变化而已。在秦代以前，既为封建制度的完整时期，又经过商业资本的发达，因此反映在哲学思想中，遂有维护封建和反封建的两种思想，是为中国哲学成长期的大概情势。

西洋哲学的成长期完成在亚历山大时代。那时因希腊和波斯战争，得到最大的胜利，获取了大量的奴隶，遂促成以仅仅九万的雅典市民镇压三十六万的奴隶的局面。在那种局面之下，当然形成以奴隶生产为基础的奴隶社会。而那时候的经济形态，便是奴隶劳动的农业经济。伴着奴隶生产的发展，商工业亦因而呈现相当的进步。因此反映在哲学思想中，便是立于"农业——种姓"的基础之上的旧秩序和立于"商业——货币"的基础之上的新秩序，乃至立于二者之间的折中思想。是为西洋哲学成长期的大概情势。

西洋哲学成长期的社会背景是奴隶制度，中国哲学成长期的社会背景是封建制度，这两种社会背景本质上虽不同，但在统治阶级对被统治者的剥削一点是相同的，因此，反映在思想上，正决定两个相同的倾向。

以上是把当时的社会背景加以概括的说明，现在举出几派重要的哲学思想作一比较。

一、儒家和观念派

（一）孔子和苏格拉底　孔子是春秋时代一个伦理学家。春秋时代是封建制度外形上开始动摇的时代，孔子是维护封建制度最热切的一个人，所以他的思想的出发点，就在于提供一个维护的方法。

中国封建制度有一种特色，便是以宗法制度为经，封建制度为纬，将贵族稳固地安放在农业社会之上，而组成一种严密的阶级制度。封建制度尚不过是政治上之表面的组织，若宗法制度乃是使这种组织深入于社会内层而筑成一种牢固不拔的基础的东西。孔子为了要维护这特殊组织的封建制度,遂提出了一个"正名"。而正名定分的思想,遂成为中国社会一般生活的指针。孔子说道:

> 名不正,则言不顺;言不顺,则事不成;事不成,则礼乐不兴;礼乐不兴,则刑罚不中;刑罚不中,则民无所措手足。

可见"正名"在孔子思想上的重要。"正名"成为一切政治、道德的基础,从这段谈话中,是显而易见的。

在封建社会中,"名"便是统治阶级一种绝大的精神武器,一种最有效的支配工具,一种最灵验的麻醉剂,孔子特别地提出一个"正名",可谓善于维护封建制度者。

我们再看苏格拉底(Socrates)是怎样地维护奴隶社会。这真奇怪,他和孔子的用心一样,便提出一个"概念"。他以为事物的本质可以用概念表明,认识便是事物的概念的确定,换句话说,真正的知识便是概念的确定。因为概念是具有普遍性的,是具有永久不变性的。苏格拉底所以提出概念,主要的在应用到道德上,因此昌言:知识即道德。意思是说知识是普遍的,是永久不变的,所以道德也是普遍的,是永久不变的。

在当时希腊征服波斯以后,忽然间增加无量数的奴隶,非有一种普遍的概念以范围人心,维系社会,势必陷于溃散不可收拾之地。苏格拉底的思想本是倾向贵族政治的,故极力倡导概念的正确和知识的尊严。概念具有上抑下尊凌卑的潜力。譬如说:"天王圣明,臣罪当诛",非个别的天王皆圣明,乃概念的天王皆圣明。概念在社会上的作用，比任何物质上的权威还大。它可以入人于不觉，慑人于隐微。苏格拉底看透了这点，所以极力倡导知德一致的思想，这对于奴隶社会的维护是具有很大的功效的。

苏格拉底倡导概念的正确，孔子提出正名，这东西两圣人，在当日的阶级制度下，是何等的用心之苦啊！孔子为对抗当时的"邪说暴行"，所以提出"正名"；苏格拉底为对抗当时的哲人派（Sophists），所以倡导概念的正确。又孔子为说明"名"的功用，所以自称"无知"，而提出"叩两端而竭焉"的方法；苏格拉底为说明概念的普遍性，所以亦自称"无知"，而提出一种"产婆法"（Maieutic Method）。这东西两圣人，在当日的复杂环境下，又是何等的用力之勤啊！可见他们的努力正有相同的特征，便是维护统治阶级的企图。

（二）孟子和柏拉图　孟子虽不是孔子的直属弟子，也不是孔子同时代的人，但他的思想是承继孔子的。孟子比孔子大约晚生一世纪有半，那时封建制度外形上的动摇更加剧烈，孟子既以"学孔子"为夙愿，当然对于封建制度的维护，非加一番更大的努力不可。于是反映春秋末年封建社会的孔子正名论，到了孟子手里，便更体系化、深刻化了。我们现在单从他的根本思想去检讨。

孔子当然是个观念论者，但他的观念论的思想并不如何的显明，一到了孟子手里，这观念论的本质便完全暴露无遗了。我们可以从《孟子》里面找到不少的证据，姑选几条说明。

万物皆备于我矣。

仁义礼智根于心。

仁义礼智非由外铄我也，我固有之也。

耳目之官不思而蔽于物，物交物，则引之而已矣。心之官则思，思则得之，不思则不得也。

孔子提出一个"名"，孟子便提出一个"我"，一个"心"。单就"名"说，还是知识论上的见解，若就"我"说，或就"心"说，便含有形上学的见解了。孟子想在观念论上筑成一个巩固的基础，所以提出这样一个口号，便是"万物皆备于我"。

观念论者认宇宙万物都从"我"出发，都从"心"出发。一切都"根于心"，为"我固有"。这无论是柏拉图（Plato）、贝克莱（Berkeley）、马赫（Mach）、阿芬那留斯（Avenarius），都是如此。由"心"便产生理性，所谓"心之官则思"。但"心"的根原是什么呢？这就不得不归之于"神"了。所以《孟子》书上这样大书特书着：

圣而不可知之之谓神。

所存者神。

孔子的观念论，到了孟子手里，便体系化了、深刻化了。封建统治阶级得了这样一扇障壁，可以高枕无忧了。孟子的论理（按，疑应为伦理）哲学、政治哲学乃至教育哲学，都是从这种根本思想推衍出去的，暂且勒住，以后再详。

那么，柏拉图又是怎样的呢？苏格拉底提出一个概念，他便提出一个"观念"或"理念"（Idea），是把苏格拉底的概念改造而成的。柏拉图将苏格拉底的知识论，加以严密的组织，予以超越的存在，遂成为一种形上学。柏拉图认宇宙万物都是"观念"的幻影，一切都在模仿"观念"，思慕"观念"。他在《斐多》（Pheado）一部书上说："观念之来也，则万物产生；观念之去也，则万物消灭。"

"观念"为宇宙万物的本质，而为理性认识的对象。由于理性之知的直观，便有"观念"；由于悟性的论证，便有概念；由于感性的信念和臆测，便有万物和心像。这样，便把苏格拉底的概念论体系化、深刻化了。无论概念或"观念"都属于观念界，而观念界之至高无上的绝对者，便是神。关于神，柏拉图有单数和多数之别。因把创造主叫作永远的神，而认直接被创造的星辰和天界的灵体为诸神。这样一来，观念论者的论据充实了。在希腊的奴隶社会中，得了这么一种精神武器做支配的工具，希腊的统治阶级也可以无忧无患了。这样看来，孟子的用心和柏拉图的用心是一致的。

观念论者的特殊本领便是将宇宙万物作一种系统的说明，但所谓系统是心的系统，或是神的系统。就心的系统说，则观念论常变成"唯我论"（Solipsism）；就神的系统说，则观念论常变成"有神论"（Theism）。但心的系统和神的系统每每联成一气，因为要这样，才可以为统治阶级作成一个天衣无缝的理论。而不幸我们的孟子和柏拉图，便成了这样的一个御用学者。

（三）荀子和亚里士多德　孔子提出一个"名"来，荀子便特别在"名"字上着力，而有《正名篇》之作。他以为"名守慢，奇辞起，名实乱，是非之形不明，则虽守法之吏，诵数之儒，亦皆乱"。他把"名守"看得非常的重要，以为乱之所以发生，就由于不看重"名守"。他在《富国篇》里面，说得很明白：

人之生不能无群，群而无分则争，争则乱，乱则穷矣。故无分者人之大害也，有分者天下之本利也。而人君者所以管分之枢要也……古者先王分割而等异之也，故使或美或恶，或厚或薄，或佚或乐，或劬或劳，非特以为淫泰夸丽之声，将以明仁之文，通仁之顺也。

荀子所谓"名守"，即是"分"。有贵贱之分，有尊卑之分，推而至于美恶、厚薄、佚乐、劬劳之分；而"管分之枢要"的，便是"人君"。这是何等显明的为统治阶级作成宝塔式的阶级思想。他以为人生而有"欲"，"欲"即是"性"，我们必须化"性"起"伪"，才能发生礼义。礼与名的关系是相需为用的。正名以定分，守分则崇礼。如果礼不立，则一切纷争便无由遏止。荀子因此订出"三本"的礼。他在《礼论》上说：

礼有三本：天地者生之本也；先祖者类之本也；君师者治之本也。无天地恶生？无先祖恶出？无君师恶治？三者偏亡焉，无安人。

在特殊组织的中国封建社会里，提出礼的"三本"，而以"天地""先祖""君师"为主题，荀子的法术确实比孟子又进了一步。这种宝塔式的阶级思想,无论在封建制度上或宗法制度上,无论在横的组织中或纵的组织中,都是精义入神,盛水不漏的。

亚里士多德(Aristotle)正具有同样的特征。亚里士多德在哲学上最大的贡献,便是他的形质论。他根据苏格拉底、柏拉图的观念论作成一个实体。他以为实体非个物,亦非普遍性,乃是含藏普遍性的个物。换句话说,实体在个物生成变化之中实现自己,发展自己。他把个物的生成变化名为"运动"。而运动所以成立的原因共有四种:一、物质因;二、形式因;三、动力因;四、目的因。但二、三、四三因可以归纳为一因,即形式因。质言之,宇宙运行便由于物质和形式,即所谓形质。

亚里士多德认世间没有无形式的物质,亦没有无物质的形式,二者是互为联系的。但二者的本质有不同,形式是主动的东西,物质是受动的东西。不惟如此,形式之上,还有第一形式,物质之下,还有第一物质。第一形式是最高级的东西,任对何物,不承受物质的待遇;第一物质是最低级的东西,任对何物,没有做形式的资格。我们看,亚里士多德所砌的宝塔,不会比荀子所砌的宝塔难看吧!亚里士多德想把统治阶级体系地、稳固地安放在奴隶社会之中,因而造出第一形式、第一物质种种名目,这并不是论(伦)理学上的游戏,而是他对奴隶社会维护的一种可怜的企图。

由上面的比较,我们可以看到儒家在中国哲学史上的地位和观念派在西洋哲学史上的地位正同。这并不是偶然的暗合,而是它们的社会背景正有相同的因素。所谓相同的因素便是统治阶级对被统治阶级的剥削,因此反映到哲学思想上,便有维护统治阶级的观念派和儒家。

二、墨家、名家和主不变派

(一)墨子和巴门尼德　墨子也是封建统治的维护者。不过他和儒家所用的方法不同。他生于孔子之后,孟子之前,正是封建制度外形上日趋动摇的时候。他看到孔子从宗法思想维护封建社会,以为这种方法不适用,结果只有"靡财贫民","伤生害事",非改用别一种方法不可。因此提出尚同说,以与孔子的等差说相对抗。墨子所谓尚同,乃上同于天,上同于天子。他在《尚同中》说道:

> 是故选择天下贤良圣知辨慧之人,立以为天子,使从事乎一同天下之义。……曰凡国之万民上同乎天子而不敢下比。天子之所是必亦是之,天子之所非必亦非之。……举天下之万民以法天子,夫天下何说而不治哉?

墨子的根本思想是"上同于天子","举天下之万民以法天子",完全是统于一尊,定于一尊的看法,没有儒者那样亲疏贵贱的分别。这不是很干脆地承认统治者的权威,而被统治者只须"法天子"就好了吗?在统治者的权威之下,大家不分彼此,是谓"一同天下之义"。墨子的"尊天明鬼说"都在这上面发生重大的作用,而他的"兼爱非攻说",更在这一点增加推行的效率,这是很值得注意的。

墨子想从拥护已经动摇的民间宗教入手，去维护封建社会，所以认天鬼是实有的，这种用心比儒家更来得深刻。封建社会和宗教是息息相关的。封建社会的领主就成为宗教上的神，所以宗教在封建社会成为主要的动力。封建社会没有宗教做精神上的支配工具，那只有日趋于崩溃一途。

儒家何尝没有宗教思想？不过它想把自然崇拜的宗教思想运用到祖先崇拜上面去，以完成它的一种宗法上的业绩而已。中国古代本是神权政治的国家，鬼神术数的思想又异常地发达。墨子特从天鬼实有的主张以扶植当时渐形暗淡的封建社会，不是比儒家的用心更来得深刻些吗？所以"尚同说"和"天志说"，在墨子思想中成为二而一的东西。

西方的巴门尼德（Parmenides）也正有和墨子相同的特征。巴门尼德是"爱利亚学派"（Eleatic School）的主要代表。"爱利亚学派"的创始人是色诺芬（Xenophon）。色诺芬便是一神论的建立者。巴门尼德即根据色诺芬的一神论发展而为"有论"。巴门尼德认"有"（Being）是不变不动、不生不灭、无始无终、不可分割又与思维不相离异的总体。所谓"有"即已完全自足，无求于外。质言之，巴门尼德的"有"即是"一"，即是完全除去差别性之后所剩下的"同"。因此，巴门尼德看"有"是静的，不是动的；是一的，不是多的；是同的，不是杂异的。

固然巴门尼德的"有论"，不必和墨子的尚同说都相暗合，然而"有论"为希腊奴隶社会的基础理论和尚同说为中国古代封建社会的基础理论，正有相同处。因为都是"定于一"的思想。进一步说，都是"一因论"的思想。墨子尚同而不尚异，尚兼而不尚别；巴门尼德则主静而不主动，主一而不主多，这不过是名词上的不同，他们的用心却是遥相映照的。巴门尼德从一神以阐明本体，墨子由天志而归本尚同，这样的暗合，都是由社会的背景所决定的。

墨家主"二有一"，重在"以名举实"，也即是巴门尼德"思维即实在"之意。观念论者每从思维看实在，以为思维可以决定实在，因此，完全趋重概念的研究。于是墨子之后有惠施、公孙龙，巴门尼德之后便有芝诺（Zeno）。

（二）惠施、公孙龙和芝诺　惠施、公孙龙虽然和墨家有很深切的关系，却并不是墨家。惠施、公孙龙都是观念论的辩证法家，和希腊芝诺的地位，正不谋而合。惠施的思想比公孙龙有系统，难怪章太炎先生极力推崇惠施。惠施站在肯定矛盾的立场谈辩证法，公孙龙的主张便颇不一致。然而在辩护"同"的一点上，是没有什么差异的。

芝诺也是观念论的辩证法家，他自身没有什么主张，只是辩护巴门尼德的"有"，即辩护巴门尼德的"一"，认杂多和变动二观念都不能成立，当然他是站在否定矛盾的立场的。芝诺是巴门尼德的弟子，以阐明师说为唯一任务。他不从积极方面证明师说，而从消极方面摧破敌锋以补充师说，不用直接的证明，而用间接的证明，这是他的苦心所寄的地方。因此他的辩证法便分为难杂多论、难变动论二大类（参看拙著《西洋哲学史》第一卷）。他说杂多是不能存在的，因为在量上说，多是无限大，同时又是无限小。这是多的本身矛盾之暴露。自身矛盾的事物不能谓为存在，故杂多不能存在，只有整个的"一"才存在。他说运动也是不可能的，他举出"二分说""阿喀琉斯追龟说""飞箭不动说"三个例子作证明。他的结论是说运动本身充满了矛盾，所以运动也不存在。他所举的例子，和公孙龙的二十一事有许多相契合的地方。

芝诺有"飞箭不动说"。意思是说人见飞箭前进，实则飞箭并不前进。因为飞箭不过是每一个时候在一个地方。我们任取一刹那，飞箭只在某一定点而静止。由是推到第二刹那、第三刹那，乃至无穷刹那，莫不取某定点静止而并未前进。这和公孙龙的"飞鸟之影未尝动也"，"镞矢之疾，而有不行不止之时"，不是一样的论证法吗？除此而外，芝诺又有"二分说"，这是说运动不能开始，即谓运动不能发生。欲运动到一定的距离，必先经过其中分点，欲达到此中分点，必先经过此中分点的中分点，如此推求至尽，结果只经过无数的点，并没有运动。这和上例的用意是完全相同的。

芝诺还有"阿喀琉斯追龟说"。阿喀琉斯（Achilles）是希腊一个最著名的善走的人。为什么说他追不上乌龟呢？假如龟先走十步，阿喀琉斯开始追逐，何以会永远追赶不上呢？这是因为观念上阿喀琉斯不能追上乌龟。譬如阿喀琉斯追到十步时，乌龟又前进十步之几分之几了。其后阿喀琉斯追到十步之几分之几时，乌龟又前进已走的路程之几分之几了。在观念上乌龟永远在前，没有被阿喀琉斯追到之时。这和公孙龙的"一尺之棰，日取其半，万世不竭"，是一样的看法。因为在观念上是"日取其半，万世不竭"的，他们从观念看世间一切事物，当然是如此的。

由上面的比较，我们又可以看到墨家、名家在中国哲学史上的地位，和主不变派在西洋哲学史上的地位相同。这也是由于社会背景的决定。关于墨子的思想，一般人忽视了他的一因论的主张，所以有种种不同的说法。经过了这样的比较说明之后，或者不至于发生许多无谓的争执吧！

三、道家和主变派

（一）庄、老和赫拉克利特　《老子》（《道德经》）这部书是大可怀疑的，我认为是战国末年的作品；至于这部书是何人作的，我也以为大有问题，绝不容易断定为老聃作，或为李耳作，或为太史儋作。我恐怕是战国末年杨朱、庄周之后辈所编纂而成之者。所以现在单提《老子》这部书。庄子在道家的地位，在我看来，应该是很重要的。有《庄子》书然后有《老子》书，绝不是有《老子》书才有《庄子》书。关于这些地方，都容以后讲明，现在单说说庄子、《老子》的根本立场。

我以为《庄子》《老子》书中所表现的思想，都是辩证法的自然观。第一，他们看重客观的自然界，认人类也是客观的自然界之一种。庄子在《齐物论》上说："天地与我并生，万物与我为一。"这两句话，一面打破时间，一面又打破空间，是道家宇宙观的整个表现。第二，他们所看的自然界的发展过程，都是辩证法的。庄子的"道行之而成"，《老子》的"周行而不殆"，都认宇宙是流动的。又庄子的"一与言为二，二与一为三"，《老子》的"道生一，一生二，二生三，三生万物"，都是一种辩证法的精神。合上两点言之，庄子、《老子》的辩证法的自然观，是显而易见的。

赫拉克利特（Heraclitus）在希腊是辩证法的自然观之创始者。他特重客观的自然界之阐明，而且认定宇宙是流动变化的，所以说"人不能两次立足于同一河流之中"。又他认宇宙的现象都是相对的、矛盾的、斗争的，所以说"斗争为万物之父，万物之王"。矛盾、斗争、反对，在他看来，是万物转化的总枢纽。他以为有矛盾必然地发生"矛盾的统一"，用他的譬喻说来，宇宙就是混合酒，宇宙就是一种反对之流。这不是"道生一，一生二，二生三"的思想吗？在这里我们可以看到赫拉克利特之辩证法的自然观之丰富的思想。

道家的"道"和赫拉克利特的"逻各斯"（Logos），更是一个绝好的对照。"道"即是轨道、过程、法则的意思。这当然和儒家所谓"道"完全不同。儒家的"道"，是"道"的范围小，"人"的范围大，所以说"人能弘道"。道家的"道"，是"道"的范围大，"人"的范围小，所以说"人法地，地法天，天法道"，这即是"人"法"道"。赫拉克利特的"逻各斯"，也有法则的意思。他认为无物不有"逻各斯"，宇宙就是一个"逻各斯"。于是庄子、《老子》的"道"，成为庄子、《老子》的辩证法，赫拉克利特的"逻各斯"，成为赫拉克利特的辩证法。庄子、《老子》的"道"影响中国人的生活态度，赫拉克利特的"逻各斯"，也影响西洋人的生活态度。"道"与"逻各斯"本质不必相同，但它们在哲学史上所发生的意义却是同样重要的。

（二）杨子和普罗泰戈拉　杨朱的思想亦不易谈，据《孟子》上记载的材料，我们知道杨子是"取为我"，知道杨子是抱"为我"主义。但"为我"应作如何的解释呢？我以为当以"贵己"

"重生""全性保真"为"为我"的正解。一言蔽之，杨子为显明的个人主义，这是毋庸置疑的。在希腊，则普罗泰戈拉（Protagoras）是个人主义的首创者。他特重主观，且崇感觉，和杨子"贵己""重生"之旨正相会通。经验派哲学家称普罗泰戈拉的思想为唯名论（Nominalism），顾西曼（Cushman）在他所著的《西洋哲学史》上曾引证其说。

普罗泰戈拉便是唯名论之祖。唯名论又可名假名论，因为只认名是人造的称谓，不认名是实在的东西。所以唯名论与个人主义关系最为密切。杨子大概也是想把他的个人主义建筑在名理上，所以《庄子·骈拇》篇里面称他"游心于坚白同异之间"。而伪《列子·杨朱》篇竟这样记载着杨子的话："实无名，名无实，名者伪而已矣。"然则杨子在当时也许有一种唯名论的思想，以坚其个人主义的主张？这样看来，杨子的思想岂不又和普罗泰戈拉不谋而暗合？

以上说明了道家思想的大概。道家思想重自然，重自由，重自我，大概是当时自由小农社会的反映。在战国时候商品经济相当的发展，而他们既敌不过当时激烈竞争的社会潮流，又看不起历来专事剥削的封建形态，故反抗的情绪，尤其是反封建的情绪，特别昂奋。他们的思想产生于战国，不是无前因可寻的。

就在希腊的主变派，也未尝没有一种特殊的社会背景。希腊社会虽是奴隶生产的农业经济，可是在小亚细亚一带，商工业异常发达，爱菲塞（Ephesus）便是商业的中心。赫拉克利特即产生于此地。经济界变动的事实常常摆在他的前面，因此发生他的辩证法的思想。后来奴隶劳动开始呈动摇的征象，一面为防止波斯的侵入，不能不常作民族独立的防卫，因而自我意识日渐发达，遂有普罗泰戈拉的思想的产生。西洋哲学的社会背景比中国哲学的社会背景容易探求，因为西洋古代的哲学家都经过了一番考证，而且有许多也已成为定论，不像中国的老子、杨子，其人其书，都大有问题。所以我们想确切地决定他们的社会背景，是颇不容易的。

第二期"嬗变期"的比较

中国哲学的嬗变期，是指秦初到明末一个长时期而言。这时期仍属于封建社会形态，本质上并没有多大变化。在某种意义说，这时期里面的封建剥削，比之第一期反而加甚。即就封建制度言，某种封建制度仍旧在中国社会中大肆其威力。可惜在这次演讲中不能细说。

一般人认为春秋、战国以后，因商业资本的发展，无形中破坏了封建制度，并且肯定地说，秦朝的政权是商业资产阶级的政权，其实这种理论是完全不顾事实的。上面已经说过，商业资本并不能破坏封建制度。因为它并不代表一定的生产关系，它只不过是完成生产流通过程一种媒介作用而已，所以认为秦朝以后封建制度消失，甚至认为秦朝以后封建社会转变了成为商业资本主义社会的理论，是不值一驳的。

况且在中国封建制度中操着特殊作用的宗法制度，也并不见得在秦朝以后减少了它的作用。儒家的"孝"和"礼"，都在秦、汉以后发生重大的作用，这是一种很明显的事实。秦、汉以后，如果不是封建社会，则新儒家的朱晦庵（朱熹）和王阳明（王守仁），又哪有由伦理的孔子抬高到宗教的孔子的可能？我总觉得孟德斯鸠（Montesquieu）有一段话，很可以告诉我们：中国从古以来究竟是怎样的一种社会。他在《法意》上说：

东方之国，有支那焉，其风教礼俗，亘古不迁者也。其男女之防范最严，以授受不亲为礼。不通名，不通问，阃内外之言语不相出入，凡如是之礼俗，皆自孩提而教之，所谓少仪内则是已。文学之士，其言语仪容，雍容闲雅，此可一接而知者也。守其国前贤之懿训，而渐摩之以严师，故一受其成，终身不改，此礼俗之所以不迁也。

我们看他这段文字，描写着中国社会为"亘古不迁"，虽然他的观点并不怎样正确，但也足见封建社会这一阶段在中国整个社会发展史上绵延之长了。谓秦、汉以后中国社会变了质，不是封建社会了，这是何等地说谎？

封建社会必然地和宗教结不解缘，上面已经提到这一层。中国不是无宗教的国家，而是宗教思想最庞杂的国家。秦、汉以后，宗教思想杂然并起，墨子的天鬼观念，遂在中国社会操了很重大的作用，一直到现在不衰，谁说墨家的思想在秦朝以前便已中绝了呢？墨家本来是拥护宗教的，到了秦、汉以后，儒、道两家也变成宗教，于是儒家变成儒教，道家变成道教。宗教在社会上既发生了重大的作用，封建形态遂益趋于牢固而不可拔。

正在这个当儿，佛教遂由印度闯入了中国。最初是佛教各家教理并驾齐驱，其后因中国封建形态日趋尖锐，而"一超直入"

的禅宗，遂得因缘而据思想的主营，为宋、明哲学的导引。于是中国嬗变期的哲学，遂舍宋、明哲学外，无一足当真正哲学之目。

西洋哲学嬗变期则指公元前4世纪至17世纪初，这时期由奴隶社会转变为封建社会。奴隶社会以奴隶制度为社会劳动的中枢，封建社会以农奴制度为社会劳动的中枢。至农业经济占产业的主要地位，在两种社会里面，并没有什么差异。封建领主——俗界的领主和僧界的领主——在这时期成为唯一的主人翁。随着封建领主的独占生产手段加剧而宗教意识便强盛起来。中世纪哲学所以成为宗教的附庸，这便是主要原因。

基督教就在这时候发挥它无上的魔力。基督教是犹太一个苦木工约瑟之妻在未婚前的私生子耶稣所创的。它一面巧妙地教化了罗马人，一面更机警地征服了日耳曼人。后来权威一天天地扩大，竟支配了封建主义鼎盛期的全欧罗巴。在这种状况之下，哲学和科学都失去了它们的地位，哲学和科学都充了"神学的下婢"（Ancilla Theologiae）。于是基督教的教义成为哲学的中心，因有所谓"经院哲学"（Scholastic Philosophy），做了西洋哲学嬗变期的柱石。

关于嬗变期的社会背景，已约略地说明，现在将两方面的哲学怎样嬗变而来，和哲学的主要代表作一比较。

一、儒佛混合和二希混合

自李翱作《复性书》，开了儒、佛混合的端绪，于是中国哲学上着了很浓厚的印度哲学的色彩。宋、明哲学家表面上是儒，里面却是佛。他们都是拿孔、孟、荀做招架的幌子,实际上在发挥佛教禅宗的要义。于是石头希迁的《参同契》,洞山良价的《五位颂》,临济义玄的《四料简》成为嬗变期哲学的主要内容。在这时候,孔、孟、荀的哲学反成了禅学的工具。譬如孔子的"忠恕",不过是就日用人伦上着眼,而朱熹却把"忠"解作"由一本而万殊","恕"解作"由万殊而一本",这样,孔子的"忠恕",便成为禅学的注脚了。嬗变期的中国哲学完全变了颜色,大率如此。

西洋哲学的嬗变期,正有相同的情形。上面提到二希混合,所谓"二希",即希腊主义(Hellenism)和希伯来主义(Hebrewism)。自从希伯来主义伸进到欧洲之后,西洋哲学上便着了很浓厚的希伯来主义的色彩。中世纪的经院哲学便是专说明代表基督教的希伯来主义的。经院哲学不在真理的探求,而只是对于教会所给予的信条加以证明和解释,便是使自己的意识附合于信条,成为哲学的主要任务。在这时候柏拉图、亚里士多德的哲学都成为基督教教义解释的工具,和孔、孟哲学在禅学上的地位正同。于是嬗变期的西洋哲学又复变了颜色。

佛教闯入了中国,成为中国哲学嬗变期,基督教闯入了西洋,成为西洋哲学嬗变期,这样的暗合,又须从社会的背景上才能得到正确的解释。封建社会是需要宗教做最后的台柱的,则表现在事实上,便自然地呈现这样一种结果。

二、朱熹、王守仁和托马斯·阿奎那、邓斯·司各特

宋、明哲学以朱晦庵、王阳明为主要的代表。朱晦庵主性即

理，王阳明主心即理；朱晦庵讲心外求理，即求理于天地万物，王阳明讲心内求理，即求理于吾心。表面上一个主知，一个主行，似乎见解不一，实则各人发挥各人所见的禅理，与儒家无关。从禅宗的见地说，两家哲学可同时并存，因为一近北渐，一近南顿。但从儒家的见地说，两家哲学都与真正的儒家不同。

经院哲学以托马斯·阿奎那（Thomas Aquinas）、邓斯·司各特（Duns Scotus）为主要的代表。托马斯·阿奎那认为宇宙一切都是阶段的发展，发展达到绝顶，便是神。神虽从"无"创造世界，但在创造之先，必经过一番审慎的思维，就无数可能的世界中，选择一种最良的世界而创造之，所以神创造世界是受善的观念之决定。其说属于一种决定论（Determinism）。但邓斯·司各特不以为然。他以为神创造世界并不受善的观念之决定，乃出于神的意志。并不是因为是善，所以出以神的意志，乃是因为是神的意志，所以是善。如果否认神的自由，那么，神的本质岂不和一切事物的本质一样，受必然的结果所决定吗？

邓斯·司各特之说属于一种非决定论（Indeterminism）。就两说观之，托马斯·阿奎那主"知"，邓斯·司各特主"意"，也似乎见解不同，其实都在发挥基督教的教理，和柏拉图、亚里士多德的哲学也没有如何密切的关系，虽然两家都标榜为柏拉图、亚里士多德哲学的阐述者。

儒家孔、孟讲中庸，讲理，讲性，讲良知，所以朱晦庵、王阳明便拿禅宗教义讲中庸，讲理，讲性，讲良知，使中国哲学完全流入禅悟。观念派柏拉图、亚里士多德讲实在，讲普遍，讲发展，所以托马斯·阿奎那、邓斯·司各特便拿神学解释实在、普遍和发展，使西洋哲学完全流为神话。可见他们的作伪心劳，如出一辙。单就经院哲学方面言之，譬如他们解释教会，说教会不是个人的集合，乃是一个独立的普遍的实在。亚当的堕落，不是"一个人"的亚当的堕落，乃是普遍的实在——人类——的堕落。推而至于天父、神子、圣灵等，都成为普遍的实在。这不是想把哲学问题完全变成神话吗？这种神话式的哲学，只有在封建形态尖锐化的时候才出现的。

第三期"发展期"的比较

中国哲学发展期，是指从清代到现在。这时期封建形态一样地存在，所不同的，便是外国资本主义的侵入。这时期所受的是两重的剥削，即国内封建地主的剥削和国外资本主义的剥削。但因外国资本主义的侵入，所以国内农村经济一天天地破产，而城市商工业倒一天天地发展起来（不过商工业资本的发展，在国际资本主义的约束之下，也有一定的制限），外形上似有回到战国末年的情势。因此反映到哲学思想上便是解放运动，也可说是一种文艺复兴。哲学思想的发展，在这时期便异常地迅速。

西洋哲学发展期，也开始于17世纪。不过就社会背景说，西洋的封建社会，已随着产业革命而转变为资本主义社会。因此反映到哲学思想上，便有各种硬性派和软性派之不同。不过在这期之初，也同样地做过一种解放运动而已。

在这期的比较研究上，却颇困难。我们不能举出许多相当的代表，我们不能在这期中国哲学上，举出培根（Bacon）和笛卡儿（Descartes），更不能举出康德（Kant）和黑格尔（Hegel），尤其不能举出马克思（Marx）、恩格斯（Engels）和伊里奇（Ilitch）。我们只能在大体上描写几种相同的轮廓而已。

一、回到先秦和回到希腊

上面所提到的解放运动，实际上是一种复古运动。梁启超在他所著的《清代学术概论》上说："综观二百余年之学史，其影响及于全思想界者，一言蔽之，曰以复古为解放。第一步，复宋之古，对于王学而得解放；第二步，复汉、唐之古，对于程、朱而得解放；第三步，复西汉之古，对于许、郑而得解放；第四步，复先秦之古，对于一切传注而得解放；夫既已复先秦之古，则非至对于孔、孟而得解放焉不止矣。"

这段话描写清代学术发展的情形实很正确。清初顾炎武倡"经学即理学"之说，已开复古之端，乾隆以后，惠栋、戴震诸人更进一步，专为经学而治经学；嘉庆、道光以后，治经者再进一步，由经古文学而至经今文学；其复古的情绪更炽。迨至光绪末年，康有为张大"托古改制"之说，于是所谓复古，遂全集中于先秦，回到周、秦之际学术研究的盛况。这是发展期一个特征。

西洋的学术界，在17世纪的前后，正复如此。这时正是所谓"文艺复兴"时期，也是以复古为解放。

第一步，复罗马之古，对于古代罗马的著作，争相研讨，即所谓"新拉丁之复兴"。

第二步，复希腊之古，不过这时还只注意亚里士多德以后的希腊哲学。如里普士（Joest Lips）代表斯多亚学派，伽桑狄

（Gassendi）代表伊璧鸠鲁学派皆是。

第三步，复希腊观念派哲学之古，这时研究柏拉图、亚里士多德的学派很发达，努力于观念派哲学的注释与阐明。

第四步，复希腊主义之古，特别着重现世生活，爱美，重自由，重个性。总之，他们的复古，不单在古典的复兴，而实在希腊主义的复兴。这样看来，和中国清代复古的运动，正有相同的意义。

不过所谓复古，当然不是一切和周、秦古代一样，或和希腊古代一样，而是含有进一步发展的意义的，便是由于怀疑精神和实证精神的发达。

二、怀疑和实证

宋儒已开疑古之端，至清代学术界则此风益炽。胡渭的《易图明辨》，阎若璩的《古文尚书疏证》，都是疑古的著作中最有影响之作。尤其今文学者，对古籍几乎无所不疑，对《诗》则疑《毛传》，对《书》则疑《古文尚书》，对《礼》则疑《周官》，对《易》则疑费氏，对《春秋》则疑《左传》。清儒有姚际恒者著有《古今伪书考》，更充满着疑古的精神。他们一面辨伪，更一面求真。而求真的方法，便是凭依证据。

梁启超在《清代学术概论》上记正统派的学风，首列四条：

（一）凡立一义，必凭证据；无证据而以臆度者，在所必摈。

（二）选择证据以古为尚，以汉、唐证据难宋、明，不以宋、明证据难汉、唐；据汉、魏可以难唐，据汉可以难魏、晋，据先秦、西汉可以难东汉。以经证经，可以难一切传记。

（三）孤证不为定说，其无反证者姑存之，得有续证则渐信之，遇有力之反证则弃之。

（四）隐匿证据或曲解证据，皆认为不德。

我们从他这段话，可以想见清代学者一种实证的精神。清代学者如顾炎武、阎若璩、戴震、钱大昕、段玉裁、孔广森、崔述等人，便是最富于这种精神者。

西洋经院哲学正盛时，即有唯名论发生，唯名论便满含着怀疑的要素。其后经过布鲁诺（Bruno）、蒙田（Montaigne）诸人，更进于积极的怀疑论。在他们的影响之下，遂产生两个怀疑派的巨子，便是培根和笛卡儿。笛卡儿即以"我疑故我在"为哲学的出发点，其怀疑的精神之炽烈，可以想见。再后又达于休谟（Hume）而至康德（Comte）。至论到实证的精神，则自哥白尼（Copernicus）以后，而伽利略（Galilei），而牛顿（Newton），大有一发而不可遏之势。至康德时，则有实证哲学，蔚为一种哲学上的主潮。密尔（Mill）、达尔文（Darwin）、赫胥黎（Huxley）、斯宾塞（Spencer）诸人，都成为实证哲学的柱石。19世纪下半期的哲学，完全为实证哲学所独占。

怀疑和实证是互为因果的，所以这两种精神都表现于发展期中。不过中国清代学者的怀疑与实证，是由宋学到汉学，由汉学到诸子学；西洋近世哲学的怀疑与实证，是由神学到玄学，由玄学到科学。研究的对象，虽不一致，但研究的精神，是约略相同的。

三、理和欲

宋、明儒严天理和人欲之界，谓吾人当存天理去人欲，这种理欲二元的看法，到清代便发生一个绝大的变化。清代学者大部分是站在理欲一元的立场的。王船山（王夫之）、颜习斋（颜元）、戴东原（戴震）三人，是显然的代表。王船山很显明地说："欲即是理"，"天下之公欲，即理也"，"食色以滋生，天地之化也"。戴东原更把理欲一元的思想组成一种系统的主张。他的《原善》和《孟子字义疏证》各书，正表现着很丰富的理欲一元的思想。这在近代的哲学史中，是很可注意的一个转向。

西洋近代哲学，也集中于理欲一元的主张。康德的哲学便将纯粹理性和实践理性并举。康德以后，如叔本华（Schopenhauer），如尼采（Nietzsche），都站在理欲一元的立场。尼采更倡大理性和小理性之说，谓"理智是由肉体所创造的小理性，肉体和它的本能乃是大理性"。并且这样说道："在你的肉体中有更大的理性，强过你的最聪明的智慧。"总之，近代哲学，大抵偏重理附于欲，绝不承认一个超绝的理。也可说是西洋近代哲学上的一个转向。

以上关于中国哲学和西洋哲学之形式的比较，大体讲完了。从形式上看，中国哲学和西洋哲学，确有许多相同的地方，可是谈到实质，便有许多不同了。

清代思想发生的几个原因

李石岑

清代思想发生的原因，我们可以从几方面来观察。

第一，宋、明理学的反动。宋、明诸儒思想的来源，有几方面：一为老、庄的思想，一为禅宗的思想，一为孔、孟的思想。他们集合这三方面的思想，而建树一种儒表佛里的新哲学。宋儒言理，每视同浑全之物，或予以绝对之称。朱晦庵说"一理浑然"，"太极只是一个理字"。程伊川说："心也、性也、天也，一理也。"这是把理视同浑全之物的看法。宋儒以理为实物，朱晦庵说："人之所以生，理与气合而已。天理固浩浩不穷，然非是气，则虽有是理而无所凑泊。故必二气交感，凝结生聚，然后是理有所附著。"又说："止此气凝聚处，理便在其中。"这是把理当作实物的看法。

宋儒又以势言理，朱晦庵说："凡物有心而其中必虚……人心亦然。止这些虚处便包藏许多道理……推广得来，盖天盖地，莫不由此。此所以为人心之妙欤。理在人心，是谓之性。……心是神明之舍，为一身之主宰。性便是许多道理，得之天而具于心者。"这是把理当作一种势的看法。到了晚明王学极盛而敝之后，学者习于"束书不观，游谈无根"，理学家不复能维系社会上的信仰，于是清儒起而矫之。

顾亭林首倡"舍经学无理学"之说。王船山攻击王学甚力，曾说："侮圣人之言，小人之大恶也……姚江之学出，更横拈圣言之近似者，摘一句一字以为要妙，窜入其禅宗，尤为无忌惮之至。"颜习斋则主张："学问固不当求诸冥想，亦不当求诸书册，惟当于日常行事中求之。"至戴东原出，更能洞察宋、明儒言理的害处，他说："苟舍情求理，其所谓理无非意见也，未有任其意见而不祸斯民者。"这是何等剀切沉痛的话。反对宋、明理学，是清代思想发生的一种原因。

第二，民族革命的反抗运动。清初诸大师，若顾亭林、黄梨洲、王船山诸人，都是亲身参加民族反抗运动的有力分子，事败退隐，著书传世，希望把这种民族革命的精神，深深地散布到社会里面，留传后世。他们认为明代所以灭亡的原因，是由于一班士大夫空谈性天的流弊所致，所以他们对于这一方面力加攻击。

李塨说："宋后二氏学兴，儒者浸淫其说，静坐内视，论性谈天，与夫子之言，一一乖反。而至于扶危定倾，大经大法，则拱手张目，授其柄于武人俗士。"又说："当明季世，朝庙无一可倚之臣，坐大司马堂，批点《左传》，敌兵临城，赋诗进讲，觉建功立名，俱属琐屑，日夜喘息著书，曰，此传世业也。卒至天下鱼烂河决，生民涂炭。呜呼，是谁生厉阶哉？"惟其他们看清了社稷覆灭生民涂炭的原因是在此，所以他们要提倡致用的精神，以求挽救这种空谈的颓废的习气。

顾亭林说："孔子删述六经，即伊尹、太公救民水火之心，故曰：'载诸空言，不如见诸行事。'……愚不揣有见于此，凡文之不关于六经之旨、当世之务者，一切不为。"黄梨洲说："明人讲学，袭语录糟粕，不以六经为根底，束书而从事于游谈，更滋流弊，故学者必先穷经。然拘执经术，不适于用，欲免迂儒，必兼读史。"致用的精神，是清儒矫正时弊的一个特点，也正是清儒反抗精神的一种表现。

这种反抗的精神，在黄梨洲的《明夷待访录·原君》里面，更是明目张胆地充分地表现出来。他说："后之为人君者……以为天下利害之权，皆出于我，我以天下之利尽归于己，以天下之害尽归于人，亦无不可。使天下之人，不敢自私，不敢自利；以我之大私为天下之公，始而惭焉，久而安焉。"又说："今也天下之人，怨恶其君，视之如寇仇，名之为独夫，固其所也。而小儒规规焉以君臣之义，无所逃于天地之间，至桀、纣之暴，犹谓汤、武不当诛之……岂天地之大，于兆人万姓之中，独私其一人一姓乎？"这是何等大胆的革命的言论。民族革命的反抗运动，是清代思想发生的第二种原因。

第三，欧洲资本主义的侵入。1497年，印度航路发现，欧西各国先后东来，首为葡萄牙，继之有西班牙、荷兰、英吉利等国。此时与中国发生关系最多的，则为葡人；沿海各省，多有葡人足迹。明嘉靖十四年（1535年），葡人租澳门为通商的地方。二十四年（1545年），宁波居民，屠杀教徒，焚毁葡船。二十八年（1549年），泉州的葡人，亦为吏民所逐。西班牙则以菲律宾的马尼拉为中、西两国的市场，因此墨西哥的银币，间接传入中国内地。他如英人攻陷虎门炮台，因而允许通商；荷人援助清军，倾覆厦门郑氏的根基，都可以看出当时欧洲资本主义之咄咄逼人。

由资本主义的侵入，遂使中国的思想界，直接间接地，起了一个莫大的变动。商业资本主义所反映出来的东西，不是那些空洞的"天理""良心"的思想，而是与实际生活发生密切关系的"实用""实证"的思想。王船山讲"用"，讲"动"，颜习斋讲"事"，讲"行"，戴东原讲"生"，讲"欲"，都未尝不是社会环境的反映。当时的资本主义，除经济侵略以外，还着重文化侵略，这便是基督教的传布。

教士以传道为侵略的法门，不过关于学术思想的鼓吹，亦有相当的影响。如数学、地理、天文等科学思想的灌输，便是很显然的事实。明臣徐光启、李之藻、杨廷筠辈，服习教士利玛窦之说，折节与游。明、清之际，教士在中国著书的人很多，内容虽多肤浅，但亦不无影响。杭世骏在梅文鼎的传上，曾说："自明万历中利玛窦入中国，制器作图颇精密……学者张皇过甚，无暇深考中算源流，辄以世传浅术，谓古九章尽此，于是薄古法为不足观。而或者株守旧闻，遽斥西人为异学，两家遂成隔阂。鼎集其书而为之说，稍变从我法，若三角比例等，原非中法可赅，特为表出，古法方程，亦非西法所有，则专著论，以明古人精意。"全祖望曾经说过："梅文鼎本《周髀》言天文，世惊为不传之秘，而不知宗羲实开之。"

我们可以看出，黄、梅两氏关于天算方面的知识，直接间接都有受到欧西学术影响的地方。就以戴东原所著的《原象》《续天文略》《勾股割圆记》《策算》等书而论，亦不难寻出其中与欧西学术思想的关系。东原曾说："知得十件而都不到地，不如知得一件却到地也。"这种求真的治学态度，亦与欧洲的科学精神相合。可以说欧洲资本主义的侵入，是清代思想发生的第三种原因。

东方哲学

中国哲学的问题和精神

冯友兰

在中国哲学的历史进程中,有一个主流,可以称之为中国哲学的精神。为了解它,我们需要首先看一下,中国大多数哲学家力求解决的是些什么问题。

人是各式各样的。每一种人,都可以取得最高的成就。例如,有的人从政,在这个领域里,最高成就便是成为一个伟大的政治家。同样,在艺术领域里,最高成就便是成为一个伟大的艺术家。人可能被分为不同等级,但他们都是人。就做人来说,最高成就是什么呢?按中国哲学说,就是成圣,成圣的最高成就是:个人和宇宙合而为一。问题在于,如果人追求天人合一,是否需要抛弃社会,甚至否定人生呢?

有的哲学家认为,必须如此。释迦牟尼认为,人生就是苦难的根源;柏拉图认为,身体是灵魂的监狱。有的道家认为,生命是个赘疣,是个瘤,死亡是除掉那个瘤。所有这些看法都主张人应该从被物质败坏了的世界中解脱出来。一个圣人要想取得最高的成就,必须抛弃社会,甚至抛弃生命。唯有这样,才能得到最后的解脱。这种哲学通常被称为"出世"的哲学。

还有一种哲学,强调社会中的人际关系和人事。这种哲学只谈道德价值,因此对于超越道德的价值觉得无从谈起,也不愿去探讨。这种哲学通常被称为"入世"的哲学。站在入世哲学的立场上,出世的哲学过于理想化,不切实际,因而是消极的。从出世哲学的立场看,入世哲学过于实际,也因而过于肤浅;它诚然积极,但是像一个走错了路的人,走得越快,在歧途上就走得越远。

许多人认为,中国哲学是一种入世的哲学,很难说这样的看法完全对或完全错。从表面看,这种看法不能认为就是错的,因为持这种见解的人认为,中国无论哪一派哲学,都直接或间接关注政治和伦理道德。因此,它主要关心的是社会,而不关心宇宙;关心的是人际关系的日常功能,而不关心地狱或天堂;关心人的今生,而不关心他的来生。《论语·先进》篇第十一节记载,有一次,孔子的学生子路问孔子:"敢问死?"孔子回答说:"未知生,焉知死?"孟子曾说:"圣人,人伦之至也。"(《孟子·离娄章句上》)这无异于说,圣人是道德完美的人。就表面看,中国哲学所说的圣人是现世中的人,这和佛家所描述的释迦牟尼或基督教所讲的圣徒迥然异趣;特别是儒家所说的圣人,更是如此。这便是引起中国古代道家嘲笑孔子和儒家的原因。

不过,这只是从表面上看问题。用这种过分简单的办法是无从了解中国哲学的。中国传统哲学的主要精神,如果正确理解的话,不能把它称作完全是入世的,也不能把它称作完全是出世的。它既是入世的,又是出世的。有一位哲学家在谈到宋朝道学时说它:"不离日用常行内,直到先天未画前。"这是中国哲学努力的方向。由于有这样的一种精神,中国哲学既是理想主义的,又是现实主义的;既讲求实际,又不肤浅。

入世和出世是对立的,正如现实主义和理想主义是对立的一样。中国哲学的使命正是要在这种两极对立中寻求它们的综合。这是否要取消这种对立?但它们依然在那里,只是两极被综合起来了。怎么做到这一点呢?这正是中国哲学力图解决的问题。

按中国哲学的看法,能够不仅在理论上,而且在行动中实现这种综合的,就是圣人。他既入世,又出世;中国圣人的这个成就相当于佛教中的佛和西方宗教里的圣徒。但是,中国的圣人不是不食人间烟火、漫游山林、独善其身;他的品格可以用"内圣外王"四个字来刻画:内圣,是说他的内心致力于心灵的修养;外王,是说他在社会活动中好似君王。这不是说他必须是一国的政府首脑,从实际看,圣人往往不可能成为政治首脑。"内圣外王"是说,政治领袖应当具有高尚的心灵。至于有这样的心灵的人是否就成为政治领袖,那无关紧要。

按照中国传统,圣人应具有内圣外王的品格,中国哲学的使命就是使人得以发展这样的品格。因此,中国哲学讨论的问题就是内圣外王之道,这里的"道"是指道路,或基本原理。

听起来,这有点像柏拉图所主张的"哲学家—国王"理论。柏拉图认为,在一个理想国里,哲学家应当成为国王,或国王应当成为哲学家。一个人怎样能成为哲学家呢?柏拉图认为,这个人必须先经过长期的哲学训练,使他在瞬息万变的世界事物中长成的头脑得以转到永恒理念的世界中去。由此看来,柏拉图和中国哲学家持有同样的主张，认为哲学的使命是使人树立起内圣外王的品格。但是，按照柏拉图的说法，哲学家成为国王是违反了自己的意志，担任国王是强加给他的职务，对他是一种自我牺牲。中国古代的道家也持这样的观点。

《吕氏春秋·贵生》篇里载有一个故事讲，古代一个圣人被国人拥戴为君，圣人逃上山去，藏在一个山洞里；国人跟踪而去，用烟把圣人从山洞里熏出来，强迫他当国君。这是柏拉图思想和中国古代道家相近的一点，从中也可看出道家哲学中的出世思想。到公元3世纪，新道家郭象根据中国主流哲学的传统，修改了道家思想中的这一点。

按照儒家思想，圣人并不以处理日常事务为苦，相反地，正是在这些世俗事务之中陶冶性情，使人培养自己以求得圣人的品格。他把处世为人看作不仅是国民的职责，而且如孟子所说，把它看为是"天民"的职责。人而成为"天民"，必须是自觉的，否则，他的所作所为，就不可能具有超越道德的价值。如果他因缘际会成为国君，他会诚意正心去做，因为这不仅是事人，也是事天。

既然哲学所探讨的是内圣外王之道，它自然难以脱离政治。在中国哲学里，无论哪派哲学，其哲学思想必然也就是它的政治思想。这不是说，中国各派哲学里没有形而上学、伦理学或逻辑学，而是说，它们都以不同形式与政治思想联系在一起，正如柏拉图的《理想国》既代表了柏拉图的全部哲学，又同时就是他的政治思想。

举例来说，名家所辩论的"白马非马"，似乎与政治毫不相干,但名家代表人物公孙龙"欲推是辩,以正名实,而化天下焉"(《公孙龙子·迹府》)。在今日世界,政治家们个个都标榜他的国家一心追求和平,事实上,我们不难看到,有的一面侈谈和平,一面就在准备战争。这就是名实不符。按公孙龙的意见,这种名实不符应当纠正。的确,要改变世界,这就是需要加以改变的第一步。

既然哲学以内圣外王之道为主题,研究哲学就不是仅仅为了寻求哲学的知识,还要培养这样的品德。哲学不仅是知识,更重要的,它是生命的体验。它不是一种智力游戏,而是十分严肃的事情。

金岳霖教授在一篇未发表的论文中说:"中国哲学家,在不同程度上,都是苏格拉底,因为他把伦理、政治、反思和知识都融合在一起了。就哲学家来说,知识和品德是不可分的,哲学要求信奉它的人以生命去实践这个哲学,哲学家只是载道的人而已,按照所信奉的哲学信念去生活,乃是他的哲学的一部分。哲学家终身持久不懈地操练自己,生活在哲学体验之中,超越了自私和自我中心,以求与天合一。十分清楚,这种心灵的操练一刻也不能停止,因为一旦停止,自我就会抬头,内心的宇宙意识就将丧失。

"因此,从认识角度说,哲学家永远处于追求之中;从实践角度说,他永远在行动或将要行动。这些都是不可分割的。在哲学家身上就体现着'哲学家'这个字本来含有的智慧和爱的综合。他像苏格拉底一样,不是按上下班时间来考虑哲学问题的;他也不是尘封的、陈腐的哲学家,把自己关在书斋里、坐在椅中，而置身于人生的边缘。对他来说，哲学不是仅供人们去认识的一套思想模式，而是哲学家自己据以行动的内在规范，甚至可以说，一个哲学家的生平，只要看他的哲学思想便可以了然了。"

中国哲学的方法论

冯友兰

农民的眼界不仅制约着中国哲学的内容，如前举的"反者道之动"，更重要的是它还制约着中国哲学的方法论。诺斯洛普教授（Prof. S. C. Northrop）曾提出，概念可分两种，一种来自直觉，一种来自假定。"来自直觉的概念指向某个事物，它的完整的意义可以立即从某个事物领会到。例如，蓝色是人对某种颜色的感觉，它是由直觉得到的概念。……至于由假设得出的概念，它的完整的意义是根据一个假设，用演绎法推演出来，从而认定的。……例如，'蓝色'用来描述电磁波的波长数字时，它是一个假定的概念。"

诺斯洛普教授还进一步说道，来自直觉的概念又可以分为三种："在连续审视中已予区分的概念；连续审视而还未予区分或称不确定的概念；以及区分的概念。"按照他的意见，"儒家的思想可以界定为一种精神状态，其中不明确的概念以直觉、多重的运动构成思想的背景；而具体的区分的概念则以相对的、人文主义的、过渡性的往复形成哲学的内容。"至于道家思想，"则是以连续审视而不确定或未区分的概念构成哲学的内容"。

对诺斯洛普教授这篇文章中的观点，我并不完全同意。但是，在这些话里，他的确抓住了中西哲学的基本不同点。一个读哲学的中国学生开始学习西方哲学时，他会高兴地看到希腊哲学家也区别"有"和"无"，"有限"和"无限"。但是，希腊哲学家认为"无"和"无限"低于"有"和"有限"，这又使中国学生惊异不解，因为按中国哲学的看法，应该倒过来才对。之所以会产生这种不同的见解，是因为"有"和"有限"都是明确的，而"无"和"无限"则是不明确的。由假设观念出发的哲学家喜欢明确的东西，而由直觉出发，则需要重视不明确的东西。

如果我们把诺斯洛普在这里所说的和我在本章开始时所说的结合起来，就会看见：在连续审视中已予区分的概念，由它衍生出还未区分的概念和分辨的概念，都基本上是农民的概念。农民日常与之打交道的，诸如田地和庄稼，都是他们一看就认识的东西。他们处于原始和纯真的心态之中，把直接认知的东西看为宝贵的东西，这就无怪反映他们思想的哲学家们也同样把直接认知的东西看为哲学思维的出发点。

这也足以解释何以认识论在中国哲学里从未得到发展的原因。中国哲学家们对于自己眼前的这张桌子究竟是真实的，抑或只是幻觉的存在，从不认真对待（唯有佛家是对它认真对待的，而佛学来自印度）。认识论的问题之所以产生，是由于主观和客观已经有了明确的界限。而在一个连续审视过程之中，还没有明确区分主观与客观之间的界限，认识的主体和认识的客体还是浑然一体的。

这也有助于说明,中国哲学的语言何以是提示性的而并不明晰。它不明晰,因为它不代表用理性演绎得出的概念。哲学家只是告诉人们,他看见了什么。因此,他所述说的内容非常丰富,而使用的语言却很简短。这就是何以中国哲学家的语言往往只作提示而并不明确的原因。

中国哲学家表述思想的方式

冯友兰

一个开始学习中国哲学的西方学生,首先遇到的困难是语言的障碍,其次是中国哲学家表达自己思想的方式。这里,先从后一个问题说起。

一个西方人开始阅读中国哲学著作时,第一个印象也许是,这些作者的言论和著述往往十分简短,甚至互不连贯。打开《论语》,每一小段只包含几个字,各段之间往往也没有联系。打开《老子》,全书只有约五千字,只相当于一般杂志上一篇文章的篇幅,但是老子的全部哲学都在其中了。习惯于长篇大论地进行理性论辩的学生,遇到这种情况,会感到摸不着头脑,不知这些中国哲学家在说什么,由此不免会认为,这是中国哲学家的思想不够连贯。假若果真是这样,中国哲学就不存在了。不相连贯的思想,怎能称得上是哲学呢?

可以说,中国哲学家的言论著述,表面看来似乎不相连贯,乃是由于它们本不是专门的哲学著作。按照中国传统,学习哲学不是一个专门的行业。人人都应当读经书,正如在西方传统看来，人人都应当去教堂。读哲学是为了使人得以成为人，而不是为了成为某种特殊的人。因此，中国没有专业的哲学家，非专业的哲学家不认为自己要写专门的哲学著作。在中国历史上，没有专门哲学著作的哲学家比有专门著作的哲学家，为数多得多。如果要想读这些人的著作，就需要从他们对友人和学生的言论集和书信中去辑录，这些书信的写作时间不一，记录作者言论的人也不是同一个人，因此，其中不免有不相连贯，甚至互相矛盾的地方，这是不足为怪的。

以上所述可以说明，何以有些中国哲学家的著述中，内容不相连贯，但还没有说明，何以有些中国哲学家的著述十分简短。在有些哲学家如孟子、荀子的著作里，的确也有长篇大论的文章。但是，如果和西方哲学家的著作相较，它们仍然显得篇幅短小，未曾把道理讲透。这是因为中国哲学家惯于用格言、警句、比喻、事例等形式表述思想。《老子》全书都是以格言形式写成；《庄子》书中充满寓言和故事。

即便在中国哲学家中以说理见长的孟子和荀子，把他们的著作和西方哲学家的著作相较，其中的格言、比喻和事例也比西方哲学著作中要多。格言总是简短的，而比喻和事例则总是自成段落，与前后文字不相衔接的。

用格言、比喻和事例来说理，难免有不够透彻的地方，只能靠其中的暗示补足。明述和暗示正好相反，一句话越明晰，其中就越少暗示的成分；越是采取散文的形式，就越不像是诗。中国哲学家的语言如此不明晰，而其中所含的暗示则几乎是无限的。

富于暗示而不是一泻无余，这是中国诗歌、绘画等各种艺术所追求的目标。在诗歌中，诗人往往意在言外。在中国文学传统中，一首好诗往往是"言有尽而意无穷"。因此，一个慧心的读者，读诗时能从诗句之外去会意，读书时能从字里行间去会意。这是中国艺术所追求的情趣，它也同样成为中国哲学家表述思想时的风格。

中国艺术的这种风格是有其哲学背景的。《庄子·外物》篇最后说："筌者所以在鱼，得鱼而忘筌；蹄者所以在兔，得兔而忘蹄；言者所以在意，得意而忘言。吾安得夫忘言之人而与之言哉！"得忘言之人而与之言，这时两人不是用语言来交谈，《庄子》书中说到的两位圣人，相遇而不言，因为"目击而道存矣"（《庄子·田子方》）。按照道家的思想，道不可道，只能暗示。语言作用不在于它的固定含义，而在于它的暗示，引发人去领悟道。一旦语言已经完成它的暗示的作用，就应把它忘掉，为什么还要让自己被并非必要的语言所拖累呢？诗的文字和音韵是如此，绘画的线条和颜色也是如此。

在公元三、四世纪期间，玄学（在西方称之为"新道家"）是在中国思想界影响最大的哲学流派。当时有一部书，名为《世说新语》，其中记载当时名士们的隽语韵事，所记载的名士言论，往往十分简短，有的甚至只有几个字。这部书的《文学》篇里记载，一位高官（本人也是一个哲学家）问一位哲学家，老、庄和孔子思想上的异同何在。哲学家回答道："将无同？"这位高官对哲学家的回答很满意，立即委派他做自己的秘书。这位哲学家的回答只有三个字，因此他被称为"三语掾"（"掾"是古代官署属员的通称）。他回答高官的问题，既无法说老、庄与孔子毫无共同之处；又无法说他们之间毫无区别。于是，他用回问的方式作为答复，实在是一个聪明的回答。

《论语》和《老子》两书中的简短词句，并不是本来根据某种讨论前提作出的结论，现在由于前半遗失而使它们显得无头无脑。它们是充满提示的箴言。正由于富于提示，才使它们具有巨大的吸引力。我们如果把《老子》书中提到的概念列举出来，重述一遍，可能用上五万字或五十万字，它可能帮助读者了解《老子》一书的含义，但它本身将成为另一本书，而永不可能代替《老子》的原著。

在前面我曾经提到过的郭象是《庄子》一书的著名注释家。他的注释本身就是道家的一本重要古典文献。他把庄子使用的寓言和隐喻，用理性论辩的方式加以阐述，又把《庄子》书中的诗句用散文予以重述，他的论述比《庄子》一书清晰得多。但是，《庄子》原书富于提示，郭象的注释则明晰具体。人们会问：两者之中，哪个更好呢？后来一位禅宗僧人曾说："曾见郭象注庄子，识者云：却是庄子注郭象。"（《大慧普觉禅师语录》卷22）

中国哲学中的"常"与"变"

冯友兰

科学的发展已经战胜了地理的限制,今日中国已不再是封闭在"四海之内"。中国也走上了工业化的道路,虽然还落后于西方,但来得迟比不来好。说东方被西方侵略,并不确切,不如说是现代化侵入了中世纪世界。中国要在现代世界生存,就必须现代化。

人们会问一个问题:既然中国哲学产生于过去中国的经济环境之中,它的内容是否只对过去的中国才有意义?

这个看法,也对,也不对。任何民族在任何时代的哲学里,总有一些内容只对处于当时经济条件下的大众有用;但是,除此之外,还会有一部分哲学思想具有持久的价值。我不敢说那是绝对真理,任何人都不可能担当起判定绝对真理的任务;只有神——如果有神的话——才能决定什么是绝对真理。

让我们从希腊哲学中取一个实例:亚里士多德曾论证奴隶制度的合理性,这是古代希腊人的经济生活对他的思想制约。指出这一点,并不是说亚里士多德的全部社会哲学都只具有一时的意义。这个道理同样适用于中国思想。中国实现工业化后，旧的家族制度势必衰颓，儒家对家族制度所作理性论证的话也将随之而去。指出这一点，并不是说，儒家的社会哲学中就都是相对的东西了。

这是因为，古代希腊和中国的社会虽然不同，却都是属于我们称之为"社会"的这个大概念。有关希腊社会和中国社会的理论，其中有一部分是只对希腊或中国有效的理论，但同时，也都有一部分是有关人类社会的一般性理论。正是这后一部分，具有持久的而不是一时的价值。

这个道理也同样可以应用于道家思想。道家认为人类的理想国在于回到原始，这显然是错的。现代人相信历史是进步的；认为人类生活的理想国在于人类未来的创造，而不是在已经过去的古代。但是，有些现代人把无政府主义看作人类的理想国，这与道家的思想不无相似之处。

哲学还提供一种人生的理想。这种理想中有一部分是提出这种人生哲学的哲学家所处时代、地区和经济条件的产物，但也还有一部分是对于人生的一般见解，因此，不是只有一时的意义，还有持久的意义。儒家的人生哲学大概可以属于这一类。按照儒家的理论，理想的人生虽然包含对宇宙的高度认识，但还是处在三纲五常的范围之内。这些人际关系的内容性质虽然随环境而变化，但是理想本身不会改变。如果认为五种伦常关系的某些内容已经失去时效，因此儒家的人生理想应当全部抛弃，这显然是错的。反过来，如果因为儒家的人生理想应当保持，从而认为五种伦常关系也不应改变，这显然也是错的。

我们在学习哲学史时,应当对其中哪些是有永久价值的,哪些是可以改变的,进行合乎逻辑的分析。每一种哲学中,都有永久性的东西,各种哲学也总有其共同性的东西;正因此,不同的哲学才能互相比较,并进行翻译诠释。

中国哲学的方法论将来是否会改变?也就是说,新的中国哲学是否会不再把哲学思想局限于"由直觉得到的概念"之内?这是当然的,它没有理由不这样做。事实上,它已经在变化。

中国文化的中心思想·性道合一论

钱 穆

任何一个国家民族,它能绵延繁衍,必有一套文化传统来维系,来推动。倘使一民族本身无文化,专待学别人,其前途必有限,其希望亦黯淡。我们是自己有文化,而且这一套文化又发展得很深厚,很博大,很精密,深入人心,牢不可拔,一旦要全部丢掉去学他人,其事更难。所以我们必须自尊自发,大家一致同心,来响应复兴中国文化这一伟大的号召,这是有关国家民族将来前途最基本所在。

首先我们要问什么叫文化?第二我们要讲清楚中国文化之主要特质是什么?而后我们才能来讲如何复兴。

一般讲文化的都认为文化就是人生,但此所谓"人生",并不指我们个人的人生,而是指的"群体"的人生。人生是多方面的,一个社会乃至一个民族一个成群的大团体所包有的多方面的生活,综合起来称人生,也就是文化。

"文化"这两个字,本从英文翻来。在西方,有了一个新观念,便会创造一个新名词。在无此名词之前,可证他们也无此观念。我们译的"文化"二字,英文是 Civilization,此字从希腊文变出,大意是指一种偏近城市生活而可互相传播者而言,因此其意义所指不免偏重在"物质"方面。如说电灯,不是世界各地同时有电灯,一定从某一地开始,再传播到另外一地去,这就是 Civilization。

英国比较是近代物质文明最先起的国家,有轮船、有火车、有纺织机,一件一件的新东西,影响到世界人类的生活。他们创造这一新名词,殊足自傲。但在当时,德国人就不满意这个字,因德国的现代物质新生活比较后起,多半从外面传来。德国人不满意此字,便另造一新字称 Culture。这字也从希腊文变出,比较是指偏近田野农作方面,如一切植物般有它自己的生命和生长。这是说一切人的生活和文化,主要不从外面传来,却从自己内里长出,有它本身的生命。

这两字流传到中国,我们把 Civilization 一字翻作"文明",把 Culture 一字翻作"文化"。这两字也可通用,有时说 Civilization 文明即是 Culture 文化,不必细分。但若细分来说,却更具意义。

我们用来翻译的文明、文化两字,在中国古经典里自有来源。《易经·贲卦》的《彖辞》说:

刚柔交错,天文也。文明以止,人文也。观乎天文以察时变,观乎人文以化成天下。

《小戴礼记·乐记篇》亦云:

情深而文明。

可见"文化""文明""人文"这三个字,本出于中国古经典,但用来翻译近代西方新起的观念,却恰相符合。

现在先说中国人如何讲"人文"。《说文》上说:

物相杂谓之文。

那"文"字正如现代白话说"花样"。人生是有种种不同的花样的。如有男人、有女人,这就是天地生人一大花样。又如有年老人、年轻人,这又是人生中的一花样。天地生人,只生的一个一个人,但人却从此种种花样中来化成一个天下。"天下"便是人生一最大群体。人生群体不由天生,乃由人自己化来。如"家庭"与"国"与"天下",这都是人类文化中自己化成的。天生人有男有女,可说是自然的。但由男女化成为夫妇,这便是人文,是文化了。天地只生男女,并没有生夫妇。禽兽草木都有雌雄,都有男女,但并没有夫妇。男属刚性,女属柔性,所以说:"刚柔交错,天文也。"这是天生的花样,是自然的花样。人类根据这一个自然花样来化成了一对对的夫妇,又从夫妇化成为家庭,再扩大地化成为国,为天下,这些不是自然,而是人文。但人文究从自然中演出。傥使没有了男女,试问何从有夫妇。我觉得中国古人创出这"人文""文化"两字是有一套极深的观念在里面。

至于"文明"二字,用中国古人讲法,是说那些花样要使它明显化。如男女分别，要它表现得明显，并能停止在那明显的花样上，则莫过于创出婚姻制度，便是文明。故文明实即是人文。《小戴礼》说："情深而文明"，是说男女情深，那夫妇关系便更明显。野蛮黑暗未开化的社会，可以无夫妇，可以夫妇关系不明显，只因夫妇相互情不深，而不能停止在他们的夫妇关系上。这些是中国古人观念，至今已两千多年。我们可以说，西方有西方人的观念，即其想法和看法。中国有中国人的观念想法和看法。从这些观念上想法和看法上的不同，慢慢就形成为东西文化之不同。

刚才讲过"文化"一观念，是近代西方一个新观念，因为Culture这字乃是近代西方新创的字。也可说，从前的西方人，只知有政治、经济、军事、外交、法律，以及宗教、艺术、文学、哲学等一切，但对人类大群体的生活，没有一个涵盖一切的名词，像"文化"，亦即是没有这观念。到近代西方人才开始有文化一观念。最近一百年来，几乎大家都喜欢讲文化一语。但在中国古人，很早便有这文化的观念，即是超出于政治、经济、军事、外交、法律，以及宗教、艺术、文学、哲学一切之上，对于人类大群体生活早有一个涵盖一切的观念了。

今要问：除却上引《易经·贲卦·彖辞》这一段话之外，在中国是否有一个字可以用来明白表达出这一观念呢？我想是有的。中国人对文化二字的观念，常把一"道"字来表达。道，便是指的人生，而是超出人生一切别相之上的一个综合的更高的观念，乃是指的一种人生之"共相"。政治要有道，外交也要有道，军事也要有道，法律也要有道，一切别相人生，都要有一道。男女相交也要有道，就是结婚为夫妇。成了夫妇以后，夫有夫道，妇有妇道。养了儿女，父母有父母之道，儿女有儿女之道。中国人这个"道"字，可说即相当于近代西方人的"文化"二字，而实已超出之。

如说"大道之行也天下为公"这一句话，如翻成现代语，"大道之行"四字，即是说世界人类已共同到达了一个最合理想、最伟大的文化境界。"道"不能仅照字面翻说一条路，把"大道"二字说成现在语，实该说作"理想文化"一语乃恰当。由此可知中国人讲的道，实已超出了西方人所讲的文化，而中国人三千年前早已如此讲了。西方人在现代物质文明方面的发明，只在两三百年以内。有了"文明"二字，才有"文化"二字。可是中国人在三千年前便有了"道"之一字，这足证明中国民族之伟大，亦即中华文化之伟大。

中国人讲道，与近代西方人讲文明、文化，却有一分别。西方人讲文明、文化，只讲的人生外相，中国人称此为"象"，即现象，那是表现在外面，人所看得见的，所谓"形而下"。如最近西方人来台湾，他们都说中国进步了，进步在哪里？这都指的道路、交通、建筑、生产种种物质设备等现象，故知他们只看重表现在外边的。而中国人讲道，是指的人生本体，有其"内在"之意义与价值。西方人只看外面现象，没有一个更深的人生意义和更高的人生价值的观念包含在里面。那就是不论意义，不论价值，就人生论人生，就现象论现象；不比中国人讲道，必有一个"意义"和"价值"在内。

更深一层讲，近代西方观念，似乎只认为有了火车、轮船、电灯、电话,种种物质文明之发现,便可把全世界人类化成一体,化成为一个天下了。但中国古人观念,则注重在人类内心相互间之"感通"上,认为如把男女化成夫妇般,如此推去,才能把世界人类大群化成一体,成为一个天下。所以他们说"文化传播",我们则说"大道之行",在此一观念之分歧上,便形成了中西文化之两型。

以上是把中国的语言文字来说明中国人观念,再拿中国人观念与西方观念相比,这是同中求异。见其异,才可从此异处来批评其是非得失。但讨论文化,既要同中求异,亦要异中求同。今再论人类文化同处在哪里?人生贵能扩展,扩展便成社会;又贵能绵延,绵延便成历史。社会求其能大,历史求其可久,此乃人类文化一共同趋向。中国社会到今已拥有六七亿人口,所占土地比整个欧洲还大,而历史绵延则在四五千年以上,比任何一个现代国家长得多。此可大可久之最后综合体,即是"天下"。即由此一观点,也可说明中国文化之合理与伟大处。

有好多人曾问我,能不能简单用几个字或一句话扼要说明中国文化之中心思想及其主要特质之所在,我想这问题不易回答,但总想要回答,我此刻要大胆地提出四个字一句话,认为是中国文化的中心思想与其主要特质之所在。那四个字是"性道合一",出典在《中庸》,"天命之谓性,率性之谓道"两句。

现在先讲"道",道就是人所行的路,那是形而下,可见的。但人为何该行这路,必有一所以然,那所以然是形而上,不可见的。我们讲话常说道理,中国人最重讲道理,便是不识字人也懂要讲道理。如说:"你这人讲不讲道理呀!""这是什么道理呀!"

"道理"这两个字,中国人最看重。但把道理二字分开说,便有不同。如说"人道",便是人生该行的道,但不能说物道。如说"物理",便是该物可以使之然之理,但不能说人理。可见对物只能讲理,不能讲道,和对人不同。如讲天,则有天理,有天道,兼了人、物两面。

近代西方科学是研究的物理,但没有研究到人道。科学是不讲人道的。若讲人道,便不该发明核子武器。中国文化多讲了人道,但少讲了物理,所以有人说中国文化是重人文的,西方文化是重自然的,这也有道理。我们该说,中国文化看重在"人"一边,西方文化则看重在"物"一边。

中国人又常说"道术",道、术二字同是一条路,故可合称"道术"。分开用,"术"是指的技术。讲究物理,最重要还是要讲术,讲究如何驾驭使用各种物的术。甚至可以把物由这样变成为那样。"道"是教人从这路的这一端通达到那一端,不是要把人由这样变成为那样。《中庸》说"修道之谓教"。可见中国人观念,教育是一种道非术。道和术同有一目的,术的目的比较低。如讲军事,要使这场战争得到胜利,这就有战术。至于为什么要有这场战争,这场战争目的何在,这乃是道。必先有了道,才能讲到术。道是先决的,术是次要的。科学上一切发明,一切技术,都属次要。

……只因科学本身没有道,只有理。把这些理表现出来,只是一些术。都是次要的,却不是先决的。如经商,也有种种术,推而至于广告宣传,甚至可以迹近欺骗,这都是术,却可以没有道。若说它亦有道,则只可称之为小道。资本家发展企业,主要目的只为争取利润，为私人打算。至于其供应人生需要，却变成为一手段，所以是小道，不是大道。中国人讲道，还有"正""邪"之别。有该走的道，有不该走的道，所以说盗亦有道。那些则只是邪道，连小道也说不上。只是一些术，而且亦是邪术。中国文化重道不重术，西方文化似乎有些重术不重道，此又是一分别。

我们再讲"性"，中国人最看重这个"性"字。孔子讲性相近，孟子讲性善，荀子讲性恶，《三字经》开始便说"人之初，性本善"，中国人特别看重这"性"字，因此有许多探讨，许多争辩。近代中国知识分子读西洋书，不见有这性字，于是便说，中国人所谓性，只是西方心理学上所谓的"本能"。其实此两者绝不同。也有人说性就是自然 Nature，但其间也不同。由中国人想法，只能说性亦自自然中来。人亦是一自然，但在自然中仍有性。一切有生物、无生物都是自然，但不害于万物之各有性。性何自来，则由自然来。《中庸》说："天命之谓性。"这一"天"字，也可说之为"自然"。依照西方人讲法，科学显与宗教不同，自然显与上帝有别。但照中国人讲法，这两者间却可以相通，并亦无大分别。

"性"字的含义中，似有一个动力，一个向往，一个必然要如此的意向。一切有生物，尤其是人，显然有一个求生、好生、重生、谋生的倾向，有一种生的意志，这即是性。人性在大同中有小异。人有人性，物有物性，有生物无生物各有性，此又在性之大同之下有小异。近代西方科学，乃从"物性"中发明出"物理"；中国传统文化，则从"人性"来指示出"人道"。西方科学家只说自然；中国人则认为物有物性，才始有物理可求。西方宗教家只说上帝，中国人则说天生万物而各赋以性。性是天赋，又可说是从大自然产生，故曰"天命之谓性"。

《论语》里不多讲性，但多讲到命，因"性"是"天所命"，"知命"即就"知性"了。现代西方人讲生物学、生理学、心理学，都没有讲到性字。心理学里的本能，那绝非中国人讲的性。民国以来，中国知识分子追随西方，多知有心理学，但亦很少来探求人性。但中国传统文化则是最看重人性的。现代西方所讲的心理学，主要从物理学、生理学讲起，如眼睛怎么能看，耳朵怎么能听，主要从身体的机能上来探求。中国古人讲性，超乎物理、生理之上，与西方讲法不同，这也是双方观念不同而产生出文化不同之一例。

以上讲到中国人所极看重的两个观念，一是"道"，一是"性"，这两字要翻成西文翻得恰好则很难。似乎西方人没有这两观念，至少是不重视这两观念。我们则又要把此两观念综合，说成"性道合一"，此乃中国文化中心思想与其特质所在。一向太看重西方思想的人，对此不免要感到陌生，实则十分易晓。照中国传统想法，只认为人生一切大道必是根源于人性，违逆人性的绝不是人道，这说法实极简单，然而是颠扑不破的。

现在说到人性，中国儒家孟子主"性善"，荀子主"性恶"。耶稣教有"原始罪恶论"，说人类降生就因犯了罪恶。所以一定要信耶稣讲的道，才能赎罪，灵魂才能重回到天国去。这近似荀子一边的讲法。但在中国人想，我的身体也是天给我的，身之内有此心，心里面像有一核子般便是性。不论此性是善是恶，总之人生一切活动，都是根于人性。荀子举出种种证据说人性恶，所以要教育，要法律。若无教育法律，试问这社会将会向上抑向下？但我们要知，天之生人，只生了人，没有生人的文化和人道。人的一切文化和人道，还是从人自身逐渐发展而来。教育和法律，也是从人自身发展而来。荀子说人之性恶，故要圣人，但圣人岂不亦是从人群中自己发展而来。荀子说法就难通了。

孟子说法便和荀子不同。他举一葬礼来说，他说丧葬之礼本来没有。他推想说，最古的社会，父母死了，便把死尸扔到荒野去。某一天，某一人，偶然跑到扔他父母死尸的所在，看见狐狸和狗在咬死尸的骨，蚊和蝇在吸死尸的血。他看了心有不安，额上渗出汗来。急跑回去，拿些东西来挖一个坑，把他父母死尸埋了。回来和别人讲起这事，别人也想自己也把父母死尸扔在荒野，不免也跑去挖一坑，也把来埋了。这便是葬礼之开始。

孟子这一推想很有理。可见葬礼正从人的天性开始。性从哪里见？正从人的心上见。当他看见自己父母死尸在荒野里被狐狸和狗咬，他心里自会感到十分不安。因此不安，他才想出一个方法把死尸埋了。这心之不安，后人称之为"孝心"，由孝心便有"孝道"。把尸体埋了，后人称之为葬礼，这便是一种术。因可以有各种葬法，如土葬，如火葬，总之要把死尸作一安排，这一安排之起源则在"心"。心之所"同然"则称"性"。也可说人之对那尸体厌恶便扔出，也是性。那是人先起之性。扔尸体该有一好安排，那是人后起之性。那是人性之继续发现，虽是后起，还是人性。性之继起，却多是趋向于"善"的。所以中国人后来都信从了孟子的"性善论"。

当然那最先把死人尸体作妥善安排的人,也只是一平常人,绝不是一圣人。**但圣人便从平常人中来。圣人先得我心之同然。我心,你心,大家的心,都一样;三千年前人的心,三千年后人的心,还是这样。就因为在人心深处有一"性"。把此人心同然处表现到恰好之极的是圣人。圣人也只是由自己"天性"发展而来,并没有其他奇特。**

此一番理论。有人类文化历史演进之种种事实作根据。最先懂得要埋葬他父母尸体的人,便是先知先觉。继起效法来埋葬他父母尸体的人,是后知后觉。先知先觉发于至诚,此《中庸》所谓"诚则明"。诚是天给我们的,明是人自发的。后知后觉是觉得人家做得好,来效法,此所谓"明则诚"。他的效法也是出于至诚。"至诚"就是我们的性,一切由性发出的行为叫作道。

既然人性相同,则"人道"也可相同。白色人种可以走这条路,黄色人种也可走这条路,黑色人种也可走这条路,只要是人,都可走这条路,这条路便叫作"大道"。既是一大道,三千年前人乃至三千年后人也该时时可行。即如此刻所讲的葬礼,就是全世界古今中外人类一条同行之道。不是由上帝,或一专制暴君,或一大哲学家、大宣传家,来倡导指使。乃是由人类自己内心创出。人人处处时时可行,故称之曰"大道"。

如赌钱,我赢你输,我像是不觉得于心不安。如经商,大资本家可以凭他的大资本来吞灭别人的小资本,或剥削利润,他占十分之八,别人占十分之二,他这样,也像是不觉得于心不安。但这些终不是大道,甚至可说不是道。所以到今天,帝国主义终于要崩溃,资本主义也终于要变质。照中国人意见,我们该有一大道，大家能走，而又到处都通。赌博赢钱不是道，经商通有无是道，凭经商发财也不是道。把跑马及其他赌博来为公众谋利，把资本主义来求国家富强，中国人对此等终是看不起，认它不合道。

中国人说"率性之为道"，要把人类天性发展到人人圆满无缺才是道。这样便叫作"尽性"。尽己之性要可以尽人之性，尽人之性要可以尽物之性，这是中国人的一番理论。这一番理论，急切做不到。有人起来提倡领导，这人便称为"圣人"。

人同有此性，往往自己不知，或是模模糊糊知得不深。青年进学校读书，总想将来自己有出路，但不注意求学要从性所近。此刻大家只知学理科有出路，学文科无出路。我有一朋友在前清末年学理科，但后来自悔说不晓得自己实在是性喜文科。他说我学科学易有止境，如学文科，或许能学得更高一些。他过了三十，才发现自己喜欢的在此不在彼。这样的事太多了。但人性还能向多方面发展。喜欢科学的有时不知道自己也喜欢音乐，如此之例也多。亦有人天性才气只发展到七八分，没有发展到十分。因此人的最高最伟大的理想是能尽性。尽己之性，又贵能尽人之性。学不厌与教不倦，贵能一以贯之。

《论语》第一句便说："学而时习之，不亦说乎。"学便是要能尽己之性。又说："有朋自远方来，不亦乐乎。"由自己启发到别人，自有人不惮远行来到你面前。接着第三句"人不知而不愠，不亦君子乎。"学问到高处，尽性到深处，人不能知，也无怪。孔子做到了圣人，他的学生们不了解，但自己有乐处，也自然无愠了。中国人讲道理，如此般简单，但实是深合人性。

但人性不是专偏在理智的，理智只是人性中的一部分，更要还是情感，故中国人常称"性情"。"情"是主要，"智"只是次要的。中国人看性情在理智之上。有性情才发生出行为。那行为又再还到自己心上，那便叫作"德"。人的一切行为本都是向外的，如孝父母，当然要向父母尽孝道。但他的孝行也影响在自己心上，这称德。一切行为发源于己之性，归宿到自己心上，便完成为己之德。故中国人又常称"德性"。这一"德"字，在西洋文字里又很难得恰好的翻译。西方人只讲行为造成习惯，再从习惯表现为行为。中国人认为行为不但向外表现，还存在自己心里，这就成为此人之品德或称德性。性是先天的，德是后天的，"德性合一"，也正如性道合一，所以中国人又常称"道德"。

根据上面讲法，我们可以说，中国文化是"人本位"的，以"人文"为中心的，主要在求完成一个一个的人。此理想的一个一个的人，配合起来，就成一个理想的社会。所谓人文是外在的，但却是内发的。中国人所讲的人文主义，人文求能与自然合一。现在人总分自然、人文为两面。科学只讲自然，后来觉得太偏了，才又增出人文一面，称为人文科学。虽是平列，却亦是两分的。中国人看法，性即是一自然，一切道从性而生，那就是自然人文合一。换句话说，即是"天人合一"。其主要合一之点则在"人之心"。故也可说中国文化是性情的，是道德的，道德发于性情，还是一个"性道合一"。

此刻我们讲文化，总喜欢把中国的同西方的作比较，这些比较有好处，也有缺点。

如说"西方文化是物质的；中国文化是精神的"，这句话就有毛病。中国文化未尝不讲物质，如这"性"字，也不能不包身体在内。如说"食色性也"，"饮食男女"，都是自然的，中国文化绝不抹煞了一切物质而只重精神。

又说中国人好静，西方人好动，中国是一个静的文化，西方是一个动的文化。但静不能不和动相配合。一动一静，一阴一阳，中国人从来不曾把来硬分作两面，亦从不主张这一面来排拒那一面。

又如说唯心论、唯物论，西方哲学家有此分别，中国思想中则无此分别。

凡如上面所举的分别，只是根据了西方，从其相反处来讲中国，因此不能无缺点。今天我提出"性道合一"四字把来作为中国文化之中心思想及其主要特质所在，自然也只是个人一时说法，其继续发挥，则有待此下之诸讲。

……如我生下来是头狮子，就不能学一只老鹰在天上飞。我生下来是只老鹰，我就不能学狮子高踞山上做万兽之王。此亦是性道合一。各尽己性，则一切活动都平等是道。但一切文化中并不都是道，有合道，有不合道；各有长处，亦各有短处。我们贵能异中求同，又贵能同中求异，莫要认为他们的太好了，我们的便都不如人。文化前进是曲线的，有时高，有时低，把我们此时来比西方，不用说西方在上，中国在下。但把全过程看，中国在西方之上的时期也不少。而且目前西方已开始在走下坡路，可惜我们这五六十年乃至百年来白过了，而又自寻短见，自投绝路，种种纠纷都是自己找来。最大的毛病，在我们不认识不爱惜自己的文化，循至于无路可走，只有私人各奔前程，各走各的路，弥天漫地只是功利，只有自私，只顾眼前，把国家民族摆在后。

今天我们第一能不漫骂中国文化，第二要能从各方面去认识中国文化，那就前途无量。

我今天所讲，也只是要人从此一方向去认识中国文化。中国文化主要重在人，就在我们中国人各人的身上。我们且不要看不起中国人，也不要看不起自己。中国文化只是中国人一个影子，中国人也只是中国文化一个影子。

今天所讲，比较是一个大题目，诸位若能由此来看中国社会、中国历史，自可续有所证明，续有所发挥。若有能找出另一句更恰当、更简单、更扼要的话来讲中国文化，那自然更好。希望大家都能在此方面用心，中国文化自然便可有复兴有发扬光大的一日。

佛教、道教与道学

冯友兰

及乎魏晋，道家之学又盛。盖古代思想中之最与术数无关者为道家。汉代阴阳家与儒家混合，盛行一时。其反动即为魏晋时代道家之复兴。南北朝时人以《老》《庄》《易》为"三玄"，故讲此方面之学，有"玄学"之称。

南北朝时，中国思想界又有新分子加入。盖于是时佛教思想有系统地输入。而中国人对之，亦能有甚深了解。隋唐之时，中国之第一流思想家，皆为佛学家。佛学本为印度之产物，但中国人讲之，多将其加入中国人思想之倾向，以使成为中国的佛学。所谓中国人思想之倾向者，可分数点论之。

（一）原来之佛学中，派别虽多，然其大体之倾向，则在于说明"诸行无常，诸法无我"。所谓外界，乃系心现，虚妄不实，所异空也。中国人对于世界之见解，皆为实在论。即以为吾人主观之外，实有客观的外界。谓外界必依吾人之心始有存在，在中国人视之，乃非常可怪之论。故中国人之讲佛学者，多与佛学所谓空者以一种解释，使外界为"不真空"（用僧肇语）。

（二）"诸行无常，诸法无我，涅槃寂静"，乃佛教中之"三法印"。涅槃译言圆寂，佛之最高境界，乃永寂不动者。但中国人又最注重人之活动。儒家所说人之最高境界，亦即在活动中。如《易·乾·象辞》所说"天行健，君子以自强不息"，即教人于活动中求最高境界也。即庄学最富有出世色彩，然其理想中之真人至人，亦非无活动者。故中国人之讲佛学者，多以为佛之境界，非永寂不动。佛之净心，亦能"繁兴大用"。虽"不为世染"，而亦"不为寂滞"（《大乘止观法门》语）。所谓"寂而恒照，照而恒寂"（僧肇语）也。

（三）印度社会中阶级之分甚严。故佛学中有一部分谓，有一种人无有佛性，永不能成佛。但中国人以为"人皆可以为尧舜"。即荀子以为人之性恶，亦以为"涂之人可以为禹"。故中国之讲佛学者，多以为人人皆有佛性，甚至草木亦有佛性。又佛教中有轮回之说。一生物此生所有修行之成就，即为来生继续修行之根基。如此历劫修行，积渐始能成佛。如此说则并世之人，其成佛之可能，均不相同。但中国人所说"人皆可以为尧舜"之义，乃谓人人皆于此生可为尧舜。无论何人，苟"服尧之服，行尧之行，言尧之言"，皆即是尧。而人之可以为此，又皆有其自由意志也。故中国人之讲佛学者，又为"顿悟成佛"（道生语）之说。以为无论何人，"一念相应，便成正觉"（神会语）。

凡此诸倾向，非为印度之佛学家所必无有，但中国之佛学家则多就诸方面发挥也。中国佛学家就此诸方面发挥，即成为天台、华严、禅诸新宗派，盛行于隋唐。

佛学与中国原有之儒家之学之融合，即成为宋明之道学。道学虽盛于宋明，而在唐代已发其端。如韩愈（西历824年卒）作《原道》，极推尊孟子，以为得孔子之正传。此为宋明以来之传统的见解，而韩愈倡之。周秦之际，儒家中孟、荀二派并峙。西汉时荀学为盛。仅扬雄对孟子有相当的推崇，此后直至韩愈，无有力的后继。韩愈一倡，此说大行。而《孟子》一书，遂为宋明道学家所根据之重要典籍焉。盖因孟子之学，本有神秘主义之倾向，其谈心谈性，谈"万物皆备于我，反身而诚"，以及"养心""寡欲"之修养方法，可认为可与佛学中所讨论，当时人所认为有兴趣之问题，作相当的解答。故于在儒家典籍中，求与当时人所认为有兴趣之问题有关之书，《孟子》一书，实其选也。

韩愈于《原道》又特引《大学》。《大学》本为《礼记》中之一篇，自汉以后至唐，无特别称道之者。韩愈以其中有"明明德""正心""诚意"之说，亦可认为与当时所认为有兴趣之问题有关，故特提出，而又指出"古之所谓正心而诚意者，将以有为也，今也欲治其心而外天下国家"，以见儒佛虽同一"治心"而用意不同，结果亦异。此后至宋明，《大学》遂亦为宋明道学家所根据之重要典籍焉。韩愈提出"道"字，又为道统之说。此说孟子本已略言之，经韩愈提倡，宋明道学家皆持之，而宋明道学家亦有道学家之名。由此三点言之，韩愈实可宋明道学家之先河也。

与韩愈同时，又有李翱。李翱作《复性书》，其中可注意之点甚多，略举之，则有：

（一）《中庸》本为《礼记》中一篇，《复性书》中特别提出之。此后《中庸》遂为宋明道学家所根据之重要典籍。《易·系辞》亦特别提出，后亦为宋明道学家所根据之重要典籍。

（二）礼乐之功用，在原来儒家之学中，本所以使人之欲望与感情，皆发而有节而得中。《复性书》则谓系"所以教人忘嗜欲而归性命之道"。礼乐之意义，在原来儒家之学中，系伦理的。在此则系宗教的，或神秘的。即在原来儒家之学中，礼乐乃所以养成道德完全之人格；在此则礼乐乃所以使人得到其所谓"诚"之一种方法也。

（三）《复性书》谓："性命之书虽存，学者莫能明，是故皆入于庄列老释。不知者谓夫子之徒不足以穷性命之道，信之者皆是也。"此言可总代表宋明道学家讲学之动机。宋明道学家皆认为当时所认为有兴趣的问题，在儒家典籍中，亦可得相当的解答。宋明道学家皆在儒家典籍中寻求当时所认为有兴趣的问题之解答者也。李翱及宋明道学家所说之圣人，皆非伦理的，而为宗教的或神秘的。盖其所说之圣人，非只如孟子所说之"人伦之至"之人，而乃是以尽人伦，行礼乐，以达到其修养至高之境界，即与宇宙合一之境界。盖如何乃能成佛乃当时所认为有兴趣的问题。李翱及宋明道学家之学，皆欲与此问题以儒家的答案，欲使人以儒家的方法成儒家的佛也。

及乎北宋，此种融合儒释之新儒学，又有道教中一部分之思想加入。此为构成道学之一新成分。西汉之际，阴阳家之言，混入儒家。此混合产品，即董仲舒等今文经学家之学说。及玄学家起，阴阳家之言，一时为所压倒。但同时阴阳家言即又挟儒家一部分之经典，附会入道家之学说，而成所谓道教。阴阳家言，可以与道家学说混合，似系奇事。然《老子》之书，言辞过简，本可与以种种的解释。其中又有"善摄生者，陆行不避兕虎"，"死而不亡者寿"，"深根固柢，长生久视之道"，等言，更可与讲长生不死者以附会之机会。以阴阳家之宇宙观，加入此等希望长生之人生观，并以阴阳家对于宇宙间事物之解释，作为求长生方法之理论，即成所谓道教。自东汉之末，道教大兴。在南北朝隋唐，道教与佛教立于对等地位，且时互为盛衰。

上述《纬书》中之易说，亦附在道教中，传授不绝。及北宋而此种易说，又为人引入道学中，即所谓象数之学是也。刘牧《易数钩隐图》序云："象者，形上之应。原其本则形由象生，象由数设。舍其数则无以见四象所由之宗矣。""形由象生，象由数设。"天下之物皆形也。有数而后有象，有象而后有形。数为最根本的。上述《易纬》中之易说，虽亦有此倾向，然此倾向至此得有明白的表示。

上文谓阴阳家之学，有科学之成分。

道教中之思想，亦有可注意者，则道教中至少有一部分人，以为其所作为，乃欲战胜天然。盖有生则有死，乃天然的程序，今欲不死，是逆天而行也。葛洪曰："夫陶冶造化，莫灵于人。故达其浅者，则能役用万物；得其深者，则能长生久视。"（《抱朴子》卷三）俞琰曰："盖人在天地间，不过天地间一物耳。以其灵于物，故特谓之人，岂能与天地并哉？若夫窃天地之机，以修成金液大丹，则与天地相为终始，乃谓之真人。"（《周易参同契发挥》卷三）又引《翠虚篇》云："每当天地交合时，夺取阴阳造化机。"（同上卷五）

"窃天地之机"，"夺取阴阳造化机"，"役用万物"，以为吾用，以达吾之目的。此其注重权力之意，亦可谓为有科学精神。尝谓科学有二方面，一方面注重确切，一方面注重权力。惟对事物有确切的知识，故能有统治之之权力。道教欲统治天然，而对于天然，无确切的知识（虽彼自以为有确切的知识），故其对于宇宙事物之解释，不免为神话；其所用以统治事物之方法，不免为魔术。然魔术尝为科学之先驱矣。Alchemy（即炼金术、炼丹术）为化学之先驱，而道教中炼外丹者，所讲黄白之术（即炼别种物质为金银之术）即中国之 Alchemy 也。

禅家的哲理

李石岑

在中国哲学史上,佛教的思想占有很重要的地位,尤其是佛教的禅宗一派所占的地位之重要,比其他各派更有过之,这是稍为留心宋明哲学的人都知道的。我们要研究秦、汉以后的中国哲学,则对于佛教中禅家的哲理,实有讲明的必要。要了解禅家的哲理,不能不先对佛教的整个思想和禅的来源得一大概的认识。为方便起见,先说明禅的来源,然后将佛教的大意择要讲述。

禅的原文为"禅那"(Dhyana),是定和静虑的意思,即是由禅定使自我和神冥合的意思。关于禅的来源,有两种说法:

第一种,是说禅出发于《梵书》和《奥义书》,然后由佛教中发达起来的。随着佛教传到中国,终于成立禅宗。原来《梵书》是公元前1000年至公元前500年间印度的重要经典,这种经典是属于祭祀的圣书,内含有不少的哲学意义。至于《奥义书》,是由古代最早的祭典如《四吠陀》等及《梵书》思想的启发而成立的。它的根本思想,在阐明"自我即梵"。把宇宙原理的"梵"(Brahmana)和个人原理的"自我"(Artman)合而为一。所以这两部书可说是印度古代哲学思想的渊薮。

《梵书》载着需要口诀传授的秘密法。阐明密义的名阿兰若（Aranya），又名阿兰若迦，曾附载于《梵书》之末。阿兰若迦译为无诤处、寂静处、远离处，即在森林之下，山谷幽静之里，非深思沉虑不易领悟之场所。《奥义书》实为专为解释阿兰若迦的作品，所以禅的渊源即存于《奥义书》之中。"禅那""禅定"之语，在《奥义书》中曾屡用之。在《奥义书》中关于静坐时须选择清净平坦之所；关于胸、颈、头三部须求直立，关于呼吸时应注意之事，关于诵经时应注意之事，均有详细说明。这时的禅法当然不能与佛教发达时的禅法相比拟，但禅定静虑的思想为印度哲学的根源，却不难推见。

后来，印度的思想分为六大派，就中瑜伽一派，是专为做禅定功夫而建立的一个宗派，以求自我与神相冥合为目的，而称其所信奉之神为"自在天"。瑜伽一派，关于禅定方法叙述至为周详。迨禅成立以后，佛始产生。佛教成立之时，不仅采禅理以入于佛，并视为佛家教理中的重要部分。佛教中的禅，与佛教以前的禅，当然不可同日而语，但印度的禅教远在《梵书》《奥义书》时代即已养成，却可断言。迨佛教入中国后，才有今日的所谓禅宗。所以禅宗的渊源，实远在公元前千五百年之顷。

第二种，是说禅起于释尊。他们说释尊在灵山会上有人送花与他，请他说教，但他原是注重顿悟，不立文字，以心传心的，故他只有拈花示众，凝视不语。座上众人悉皆莫明其意，呆头呆脑，相顾惊愕，唯有摩诃迦叶破颜微笑。因是，释尊即开口说了下面几句要诀："吾有正法眼藏，涅槃妙心，实相无相，微妙法门，不立文字，教外别传，付嘱摩诃迦叶。"其后迦叶以衣钵传阿难，中经马鸣、龙树、天亲等二十七代，密密相授，直至达摩。达摩为印度二十八祖，梁时入中国，方得传法之人，故达摩又为中国禅宗的初祖。他们说禅的来源，便是这样。

第一种说法是研究印度哲学思想史一般人所承认的，第二种是禅宗一派所传说的，而赞同前说的最多。我们也认禅发生于《梵书》《奥义书》的说法比较可靠。不过有一点要知道，便是佛教也是出发于《梵书》《奥义书》的。

禅宗自达摩在中国开创以后，二祖慧可，三祖僧灿，四祖道信，皆依印度传授之例，不说法，不立文字，只要求得可传授之人，即自圆寂。至五祖弘忍，始开山授徒，门下达千五百人。五祖有二弟子，即神秀与慧能。关于他两人，有一段颇有趣味的故事。

慧能俗姓卢氏，南海新州人，天赋卓绝，幼时丧父，家道穷困不堪。他和他母亲二人只有入山采薪，以为求生之计。一天，他在途中听人家念《金刚经》的"应无所住而生其心"一句，即大为感悟，回家后辞别他的母亲，要出家为僧。先到韶州宝林寺暂住，后到乐昌学教于知远禅师，最后往黄梅岭见五祖弘忍。当五祖见他时，即发一套问话，当中最要的是："你们岭南人本无佛性，哪能成佛？"

他的答话颇令人注意。他说："人有南北之分，难道佛性也是这样么？"因此，五祖颇觉他别具特性，遂收容他，并使他在碓房里做苦役，他也没有半点不平之色。约莫过了八个月的时光，五祖有一天大集门徒，举行付法传道的典礼。在五祖的许多弟子中，只有神秀聪颖过人，学通内外，声望甚高。当时众人莫不以为神秀是唯一的接受法道的人。那被人称作卢行者的慧能当然是睬也无人睬他的。神秀呢，他自己很热烈地这般期待着，所以兴致异常奋发，曾于更深人静后，在南廊壁间写了这么一偈：

身是菩提树，心如明镜台。时时勤拂拭，莫使惹尘埃。

慧能知道传法的事，且也见到神秀所写的那一偈，他说："这偈虽写得好，但是还没有达到登峰造极的地步。"故在当天晚上，便私下约了一个童子同去神秀题偈的地方，在偈旁边写上他自己的作品：

菩提本非树，明镜亦非台。本来无一物，何处惹尘埃？

若把这两偈比较起来，就很容易看到慧能的思想是到了什么程度。第二日五祖见到这偈，非常惊喜，当夜里密往碓房和慧能问答数番后，便回房草立遗嘱，将衣钵传与慧能。于是被称为卢行者的慧能，一跃而为禅宗六祖了。他怕神秀之徒萌生害意，遂半夜下山，远向南方奔去，后来成为南派禅宗之祖。

后来神秀则潜往北地，别立宗风，为武则天一班人所崇敬，门徒也很多，竟成为北派之祖。于是有"南顿北渐"之目。

六祖慧能以后，禅家支派渐多，所谓五家七宗，都是慧能以后的禅宗。

曹洞宗、云门宗、法眼宗、临济宗和沩仰宗，称为五家；再加上杨岐派、黄龙派，便称为七家。

在此我们回到本题，我们可用很简单的话，说明古禅与今禅。所谓古禅，即自达摩到神秀的禅；所谓今禅，即慧能以后的禅。其大别之处是：前者说教，以文字教义为基本；后者则不用文字，远离教义。换句话说，前者教乘兼行，习禅恃教；后者单传心印，离教说禅。唯本文所谈，都属于今禅的范围。

今禅中有曹洞宗与临济宗，后来在中国哲学上都发生很大的影响；因这两宗的宗主都产生于唐末，好尚不同，遂养成禅学上二大宗风。到了宋代，由临济与洞山对立的结果，遂形成大慧宗杲与宏智正觉的对立。曹洞与临济两家宗风何以不同？便是前者主知见稳实，后者尚机锋峻烈；前者贵婉转，后者尚直截；前者似慈母，后者似严父。后来两家各走极端，到了大慧和宏智两人互相对立的时候，在大慧门下的便骂宏智为"默照禅"。意思是说只知默照枯坐，而无发展机用。在宏智门下的也骂大慧为"看话禅"。意思是说只知看古人的话头，别无机用。

南宋的朱、陆正深受了这两派的影响。朱晦庵是亲承大慧宗杲的教旨的，故主先慧后定，主由万殊到一本；陆象山亦似以宏智正觉的教旨为依据的，故主先定后慧，主由一本到万殊。至于在朱、陆以前的周、张诸子，其哲学思想莫不以禅学为根据，形成儒表佛里的新趋势。关于这问题，我们在后面尚当论及。

佛教略说

李石岑

现在将佛教的内容，说明一个大概。佛教思想在各种宗教思想当中，是比较难懂的，而且它的内容很丰富，一时也说不明白。我们现在只有提出两个要点来说明，并且单就有关系于禅宗教理的说一说。

1. 缘起说

佛家思想是把万法看成因缘所生的。所谓"一切法无主宰"，"一切法无我"都是从因缘所生着眼的。佛教中的四谛——苦谛、集谛、灭谛、道谛——只有"集谛"最要紧，最不容易讲明。"集谛"主要的是说明因缘所生的道理的。佛教认世界的真相便是一切苦。"集谛"便是说明一切苦的原因的。它以为一切苦的原因是无明。无明即惑，亦即烦恼，由无明生起一切执着、欲望；然后由执着、欲望在身、口、意三方面造作种种业，由业便酝酿成一种潜势的业力，业力便成业因，业因便生业果，即是苦果。

苦果的近因是业，远因乃是惑（无明）。惑、业、苦三者互为因果，辗转相生，遂成过去、现在与未来三世，因有他的十二缘起说。

佛教中有所谓三性，便是"遍计所执性"，"依他起性"，"圆成实性"。

"遍计所执"云者，遍计系周遍计度，所执系就对象说。乃谓由凡夫的妄情，起是非善恶的分别，而现"情有理无"之境。譬如见绳而误以为蛇，非有蛇的实体，但妄情迷执为蛇。我们的日常生活，便是这种"遍计所执"的生活，所以世间没有实我实法，而我们每每妄情计度，迷执为实我实法。这便是"遍计所执性"。

"依他起"云者，"他"指因缘，谓世间一切万法依因缘而生，与妄情计度有别，为"理有情无"之境。譬如绳自麻之因缘而生，由麻而呈现一时的假相。推之世间一切事物莫不如此，因为都是由因果之理而存在。这便是"依他起性"。

"圆成实"云者，系圆满、成就、真实之意，乃指一切圆满，功德成就之真实体，谓之曰法性，亦称之为真如，既非妄情计度，亦非因缘所生，乃是"法性真常"之境。譬如绳之实性为麻，可知一切现象皆成立于"圆又实"之上。这便是"圆成实性"。

此三性中"遍计所执性"为妄有，"依他起性"为假有，"圆成实性"为真有。又"遍计所执性"为实无，"依他起性"为假有，"圆成实性"为真有。在三性中"遍计所执"易破，"圆成实"难入，只有"依他起"使人们易入却又不容易彻底理解。所以佛家教理颇难说明而又不能不说明的，便是"依他起性"。

《法华经》说:"佛为一大事因缘出现于世,开示悟入佛之知见。"佛之所以为佛,就在于广利群生,妙业无尽,故知见圆明为入佛的初阶,亦为成佛的后果。法相宗特于此义尽力发挥,原非无故。所以唯识家说:"虽则涅槃而是无住;诸佛如来,不住涅槃,而住菩提。"涅槃是体,菩提是用,体不离用,用能显体。即体以求体,过误丛生;但用而显体,善巧方便。用当而体显,能缘净而所缘即真。说菩提转依,即涅槃转依。故发心者不曰发涅槃心,而曰发菩提心,证果者不曰证解脱果,而曰证大觉果。因此佛的无尽功德,不在于说"圆成实",而在于说"依他起"。

"他"之言缘,显非自性。法待缘生,明非实有,虽非实有,而是幻存。盖缘生法分明有相,相者相貌之义。我有我相,法有法相,是故非无;但相瞬息全非,一刹那生,一刹那灭。流转不息,变化无端。有如流水,要指何部分为何地之水,竟不可得。这样的相,都是幻起,非有实物可指。是故非有。故以幻义解缘生法相,为法相宗独有的精神。

但幻之为幻,并不是无中生有,幻正有幻的条理,就是受一定因果律的支配。有因必有果,无因则无果,因并不是死的,只是一种功能。如果功能永久是一样,则永久应有他结果的现象起来,但其实际有不然,可知它是刻刻变化生灭的。如果有了结果的现象,而功能便没有了,则那样现象仍是无因而生(因它只存在的一刹那可说得是生,在以前和以后都没有的)。所以现象存在的当时,功能也存在,所谓"因果同时"。功能既不因生结果而断绝,也不因生了而断绝,所以向后仍继续存在。

但功能何以会变化到生结果的一步？又何以结果不常生？这就有外缘的关系。一切法都不是单独存在的，则其发见必待其他的容顺帮助，这都是增上的功能。那些增上的又各待其他增上，所以仍有其变化。如此变化的因缘而使一切法相不常不断，而其间又为有条有理的开展，这就是一般"人生"的执着所由起，其实则相续的幻相而已。但在此处有一层须明白：就是幻相相续，有待因缘，这因缘绝不是自然的凑合，也绝不是受着自由意志的支配，乃是法相的必然。因着因缘生果相续的法则（佛家术语为缘生觉理），而为必然的，佛家便叫作"法尔如是"。

因那样的法，就是那样的相，因那样的原因，就起那样的相，有那样的因，又为了以后的因缘而起相续的相。有了一个执字，而一切相续的相脱不了迷惘苦恼；有了一个觉字，而一切相续的相又到处是光明无碍。所谓执，所谓觉，又各自有其因缘。故一切法相都无主宰。

但在此处还有一层须明白：依着因缘生果法则的一切法相，正各有其系统，一丝不乱。因为相的存在是被分别的结果，没有能分别的事，则有无此相，何从得知？然而相宛然是幻有的，这是赖一种分别的功能而存。但功能何尝不是幻，何尝不有相，又何尝不被其他分别功能所分别。

所以可说在一切幻有的法相里，法尔有这样两部分：一部是能分别的，一部是被分别的，两部不离而相续，故各有其系统，厘然不乱。那能分别的部分便是识。一切不离识而生，故说唯识。因唯识而法相井然。于是可知世间只有相，并无实人实法。所以佛家说不应为迷惘的幻生活；但因法相的有条理，有系统，所以又说应为觉悟的幻生活。同是一样的幻，何以一种不应主张，一种转宜主张呢？因为迷惘的幻生活，是昧幻为实。明明是一种骗局，他却信以为真。所以处处都受束缚，处处都是苦恼，正如春蚕作茧自缚一般。至于觉悟的幻生活便不然，知幻为幻，而任运以尽幻之用，处处是光明大道，正如看活动影戏一般。两两比较，何者应主张，何者不应主张，便不辨自明了。

与缘起说有关系的，还有两个术语，应得说明的，并且在佛教思想上占了极重要的地位的，便是"轮回"和"涅槃"。先说明"轮回"。"轮回"是因果法则必然的现象，在一切法相的因缘里面，有极大势力的一种缘，叫作"业"。这业足以改变种种法相开展的方面。它的势力足以撼动其他功能，使它们现起结果。它或者是善，则凡和善的性类有关系的一切法相，都借着它们的助力而逐渐现起；它如果是恶，则凡和恶相随顺的诸法相，也能以次显起。因这一显起的缘故，又种下了以后的种子。功能是不磨灭的，因业的召感而使它们有不断的现起。

业虽不是一一法都去召感，它却能召感一一法相的总系统。因它的力而一切法相的系统都在一定之位置。但这也不过是就苦乐多少的方面分别，所谓人、天、鬼等都不外这样意义。就在此位置常常一期一期地反复实现，就叫作轮回。其实业也没有实物，也不会常住，但功能因缘的法则上有如此一种现象，如此一种公例，遂使功能生果有一定的轨道。

再说明"涅槃"，"涅槃"便是幻的实性。幻便幻了，又有何实性可言？但幻只是相，而相必有依，宇宙间一切幻相，都自有其所依，这便假说为法性。以这是幻相所依，所以说是不幻，以此为变化之相所依,所以说是不异。这都是从幻相见出不幻的道理。觉悟的生活必须到这一步。觉悟了法性,而后知法相,而后知用幻而不为幻所用。但由"轮回"如何到得"涅槃"?换句话说,由迷惘如何走到觉悟,这全凭一点自觉,一点信心。能自觉,方知对于人生苦恼而力求解脱;能信,方有实事求是的精神。否则,欲免去苦恼而苦恼愈甚。佛家的教理就着重这一步。

2. 我法二空说

佛教用"我""法"赅括万有,先假说"我""法"有,然后实说"我""法"无。而所谓"我",又有广狭二义。狭义的"我"为五蕴假者,蕴乃积聚之义。五蕴谓色蕴、受蕴、想蕴、行蕴、识蕴,五蕴假者即五蕴之假和合者。佛教谓"我"只是五蕴之假和合者,换句话说,即假我,非有"我"的实体。广义的"我",为凡夫,圣者,菩萨及佛。狭义的"我",乃理上的诠释(有名无实,如旋火之轮);广义的"我",乃事上的诠释(其相非无,如火轮之幻相)。法相宗就广义立说,谓遍计的"我""法"虽无,而依他的"我""法"仍有。所以假说有"我""法"。但在佛法的本义上,却是认"我""法"俱无的,即是认"人无我","法无我"。

何谓"人无我"?欲探究"人无我"的真义,须先明"我执"之所由起。所谓"我执",乃昧于五蕴和合之作用,而起"常我"之妄情。因有"俱生我执""分别我执"二者。在说明二种我执之前,须略说明八识的意义。所谓八识,即一切有情所有心思精粗分别。前五识为眼识、耳识、鼻识、舌识、身识;第六识为意识;第七识为末那识,乃我法二执之根本;第八识为阿赖耶识,亦名藏识,乃心法而保藏一切善恶因果染净习气之义。习气即种子,乃对于现行之称,有生一切法之功能。种子是体,现行是用。种子能生现行,现行能熏种子。

种子有二类:一名"本有种子",一名"新熏种子"。"无始法尔",有生一切有为法之功能,名"本有种子"。种子由现行之前七识,随所应而色心万差之种种习气,皆留迹于第八识中,更成生果之功能,名"新熏种子"。而"俱生我执"者由六、七二识,其性自尔,妄有所执,且在第八识处熏习法尔妄情之种子(现行熏种子),由其种子之力,继续发生我执而不穷(种子生现行)。"分别我执者",仅第六识有之,乃由于邪师邪教邪思维之分别计度。即此可知二种"我执"之所由起。所以"我执"皆起于六、七二识,离识执着则无有"我"。这便是"人无我"的本义。而众生不察,辄起"我是常"的妄情,或发为"蕴我即离"的妄论,不知人我如是常,则不应随身而受苦乐,又不应无动转而造诸业。

又持"蕴我即离"之论者,不知蕴与我即,则我应如蕴,非常非一。又内诸色,定非实我;如外诸色,则有质碍。如蕴与我离,则我应如虚空,既非觉性,亦无作受。可知持"我是常"与"蕴我即离"之说者皆不成立。盖二者皆昧于十二缘生之义,遂成此妄见。

何谓"法无我"?欲探究"法无我"的真义,须先明"法执"之所由起。所谓"法执",乃昧于诸法因缘所生之义,而起法具自性的妄情。因有"俱生法执""分别法执"二者。"俱生法执",亦由六、七二识性尔有执,熏习法执种子,即相续不绝,而有与生俱来的法执。"分别法执",亦仅第六识有之,由于邪师邪教邪思维之分别计度。即此可知二种"法执"之所由起。所以"法执"亦起于六、七二识,离识执着亦无有"法"。众生不察,或持"转变说",或持"聚积说",或主"不平等因",或主"外色",于是一切妄见遂由是涌起。今请逐一破之:

(一)破"转变说"。彼持"转变说"者,以为因中有果,果系由因转变而成,不知果即是因,何可转变。因果辗转相望,应无差别,如上面所说种子生现行,现行熏种子,即同时成二重的因果。旧种生现行,现行又生新种,这便叫作"三法辗转,因果同时"。就八识而论,则第八识所持之种子为因,生眼等的七转识;同时七转识的现行法为因,熏成第八识中种子。因谓之"七转第八,互为因果"。可知"转变说"完全昧于因果体用的关系。

(二)破"聚积说"。彼持"聚积说"者,以为世间万法皆由聚积而成,不知所谓聚积,究为和合,抑属极微?如为和合,定非实有,以属和合故,譬如瓶盆等物。若为极微,请问为有质碍,抑无质碍?若有质碍,此应是假,以有质碍故,如瓶等物,若无质碍,应不能集成瓶等,以无质碍故,如非色法。又极微为有方分,抑无方分?若有方分,体应非实,有方分故;若无方分,应不能共聚生粗果色,无方分故。可知"聚积说"无论从何方面观察,皆不合理。

(三)破"不平等因"。彼持"不平等因"之说者,谓世间万物的原因为不平等,质言之,世间万物只有一因。不知世间如为一因,则应一切时顿生一切法,且既能生法,必非是常,以能生故,如地水等。可知"不平等因"说亦不成。

(四)破"外色"。彼持"外色"说者,以为外境离心独立,体是实有,不知外色如梦,乃由识幻所生,若有外色,云何有情所见相违?且圣者云何有"无所缘识智"?可知"外色"说亦不成立。以上数者,皆昧于依他缘生之义,遂成此妄见。

总之,"人我""法我",皆起于"执",而"人无我""法无我",皆由于"破执"。佛法但是"破执",一无所执,即是佛。所谓"我执""法执",皆自同一本体而来。而二执的相互关系,则"法执"为根本的,"我执"为派生的。有了"法执",方会有"我执",没有"我执"时,"法执"也得存在。由"我执"生"烦恼障",由"法执"生"所知障",即所谓"二障"。障者障蔽涅槃与菩提,使不得佛果。故欲成佛道者,在于断二执,由观我法二空之理,而有所谓"二空智"。这"二空智"即专为断执之用。"生空观"断"我执","法空观"断"法执"。"我执"断,则内缚解脱;"法执"断,则外缚解脱。内外二缚俱去,便达到佛法的究竟。

禅宗要义

李石岑

本来佛陀说法，最要的只是"空""有"二义。但二义非孤立，说有即须说空，说空亦须说有。因为要具备二者，言说乃得圆满，否则便不圆满。后来的学者议论横生，或更划成许多派别，尤其是佛教到中国以后，宗派繁多，为前此所未有，实则佛教原来并不如此。

若以空有二义相贯，只见其全体浑成，无所谓派别。现在因空有二名相，颇易涉纠纷，别以法相法性为言。法相以非空非不空为宗，法性以非有非无为宗。法相之非空对外，非不空对内；法性则非有对外，非无对内，在两宗不过颠倒次第以立言，究其义则一。

一、佛三时说教

第一时多说"法有"以破人执，第二时多说"法空"以破法执，第三时多说"中道"以显究竟。即佛初成道时为破众生实我之执，因说四大五蕴等诸法之实有，以明人我之为空无，如《四阿含》中一类经是。但众生仍执有法我，佛又为说诸法皆空之理，如诸部《般若经》是。但众生又执法空，佛又为说遍计之法非不空，依他圆成之法非空，如《深密》等经是。所以佛法所谈，虽重在空有二义，实只一义。

佛法都是本这一义以求设法推广的。或从有说法，或从空说法，要不离这一义。佛法最普遍的莫如净土，而最特殊的则莫如禅宗。净土从有说明这一义，禅宗便从空说明这一义。禅宗拣根器，净土则普摄。净土但念佛可以生西，而禅宗则非见性无由成佛。《血脉论》说："若欲见佛，须是见性，性即是佛；若不见性，念佛诵经，持斋修戒，亦无益处。"这便是禅宗与净土根本不同之处。

所谓见性，性乃遍在有情无情，普及凡夫贤圣，都无所住。故无住之性，虽在于有情，虽在于有情而不住于有情，虽在于恶而不住于恶，虽在于色而不住于色，虽在于形而不住于形，不住于一切。故云："无住之性。"又此性非色、非有、非无、非住、非明、非无明、非烦恼、非菩提，全无实性，觉之名为见性。众生迷于此性，故轮回于六道，诸佛觉悟此性，故不受六道之苦。所以见性在禅宗是唯一的功夫。达摩西来，不立文字，单传心印，直指人心，见性成佛，可见禅宗是另外一种境界。唯所谓"见性成佛"，颇不易了解。禅宗以觉悟佛心为禅之体，佛心即指心之自性，故谓之"直指人心，见性成佛"。人心之性即佛性，发见佛性谓之成佛。这也许是非过来人不能了然的。

禅宗以不立文字为教，以心心传授为法门，所谓教外别传，既无所谓人生观，亦无所谓世界观，因为宇宙实相，仅由直觉而得，如谈现象，便落言诠，故无世界观。禅宗以般若为心印，系属顿门，非指禅定仍由渐入，故以无所得真宗为究竟，以顿悟直觉为方法，一往即达深处，又何人生观之可言？如从又一方面解释，空为平等，我为差别，差别起于妄虑，妄止则平等绝对，何从发生我执？故无人生观。世界观人生观俱无，可知禅宗所谈属于另一境界。

禅宗谈理谈事，理属本体，事属现象。又谈正谈偏，正属本体，偏属现象。它以为理中有事，事中有理；偏中有正，正中有偏，便是说本体中有现象，现象中有本体。又以为从理可以见事，从正可以见偏，便是说从本体可以见现象，成为纯粹本体论的主张。从事可以见理，从偏可以见正，便是说从现象可以见本体，成为纯粹现象论的主张。不过禅宗所重，系非理非事，亦理亦事；非正非偏，亦正亦偏。用《心经》的话说来，乃"非空非色，亦空亦色"的境界，即超越一切对待的境界。既不能从本体求，亦不能从现象求，但其中又有本体，又有现象。禅家的功夫就看重这一步。到此时既无烦恼，亦失菩提，对于涅槃也不起欣求，对于死生也不生厌恶，这便是它所认为圆融无碍的妙境。在慧能以下的禅宗，都是说明这种妙境的。

在慧能之下，分为青原、南岳二大派。青原的弟子石头希迁，是一个聪慧绝伦的人。他所著的《参同契》（方士魏伯阳著有《参同契》，石头希迁即借用其名），在禅家的地位是很高的。其后有洞山良价其人，因造诣颇高，信仰者亦不少，遂蔚为曹洞宗。洞山良价著有《五位颂》，亦成为禅家重要的理论基础。

以上属于青原系。其属于南岳系的，便有临济义玄其人。因见解有过人处，又蔚为临济宗。他著有《四料简》，也为一般禅学者好讽诵的文字，发挥一种独有的禅风。以上三种作品——《参同契》《五位颂》《四料简》——在中国禅学史上都具有很重要的地位。由唐而宋，禅风日炽，都由这三种作品开其端绪。现在依次说明这三种作品的内容。

二、《参同契》

慧能的再传弟子石头希迁作了一篇很深邃的哲理文章，可以代表禅家全般的思想，一方面在中国哲学上也占有相当的地位的，这便是《参同契》。所谓参，即参差殊异的意思；所谓同，即相同一致的意思；契可作契合统一解。参同契可说是差别和一致两相契合，亦即矛盾的统一之意。这文的主要点在说明理和事的关系，即参的事和同的理互相契合为一。现在我们先看他的原文：

竺土大仙心，东西密相付；人根有利钝，道无南北祖。灵源明皎洁，枝派暗流注；执事元是迷，契理亦非悟。门门一切境，回互不回互；回而更相涉，不尔依位住。色本殊质象，声元异乐苦；暗合上中言，明明清浊句。四大性自复，如子得其母；火热风动摇，水湿地坚固。眼色耳音声，鼻香舌咸醋；然依一一法，依根叶分布。本末须归宗，尊卑用其语。当明中有暗，勿以暗相遇；当暗中有明，勿以明相睹。明暗各相对，比如前后步；万物自有功，当言用及处。事存函盖合，理应箭锋拄；承言须会宗，勿自立规矩。触目不会道，运足焉知路？进步非近远，迷隔山河固。谨白参玄人，光阴莫虚度！

我们看，这文虽只是寥寥两百多字，但其含义委实不容易懂。现在为洞彻它全篇内容起见，让我们先分句去解释，然后再综合其大意作一概括，这样即可得到深切的认识。

竺土大仙心，东西密相付；人根有利钝，道无南北祖。

竺土即天竺的国土，大仙就是佛陀。所谓"大仙心"，即佛陀的大彻大悟的心，亦即佛心。禅宗以心传心，从印度传至中国，密相付与传授，绵延不断，成为禅家一个悠远的系统。人类中有天资聪颖的，有本性愚钝的，为说法的方便起见，有顿门渐门的不同，于是入中国后，乃有"南顿北渐"的分别。南派主顿悟，一超直入；北派主渐修，由教理入。这是入道的二大法门。在这里，我们可以看出作者的思想是承认宇宙真理是普遍的，"南顿北渐"，只不过是法门的不同，教理上却是根本一致的。这四句是一个引子。

灵源明皎洁，枝派暗流注；执事元是迷，契理亦非悟。

这四句是全篇的主眼，提示事和理的关系，隐隐地指示人们，事理只是契合统一的，人们不应单执着事相界，也不宜单求契合于理体界。"灵源"就是心灵的源泉，也即是佛心。这心灵源泉是明明白白的皎洁澄明、清净平静的。没有生死、善恶、苦乐、贤愚的差别妄情，没有因这妄情而生取此排彼的执着意念，故说"灵源皎洁"。"枝派"是对"灵源"说的。"灵源"虽是平等的，枝派却有彼此之别。从"灵源"发出的各种不同的"枝派"，遂暗注于复杂事相里面，成为差别界的万法。这即是说"灵源"是理体，"枝派"是事相。也可说"灵源"是同，"枝派"是参。他以为人们单单在事相上，或单单在枝派方面执着固为迷惘，但专想契合理体，怀抱灵源，也并非有所彻悟。原来事相界吸收着理体的成分，理体界复借着事相而表现。事中有理，理中有事；事理两者契合而统一。上面已经说明真空和幻有二义，真空是理，幻有是事；真空是灵源，幻有是枝派，但宇宙实相乃是空有一如的中道，禅宗贵在事理契合，便是这中道。参同契便是这空有一如的中道。这可以说是禅宗的主旨，也可以说是禅宗的真理观。

门门一切境，回互不回互；回而更相涉，不尔依位住。

所谓门门，便是我们各人摄取外界的事象的入口，浅显地说，就是眼门、耳门、鼻门、舌门、身门、意门这六门。这六门亦称六根。由这六门而受取色、声、香、味、触、法这六境。这六境便是和灵源发生关系的总枢纽。由于六门所受的一切境，便构成一切客观主观，而有天地间的森罗万象，那天地间的森罗万象，结果不出两途，便是回互不回互。

回互便是相关联的意思。回互的结果，则一尘可以摄法界，法界尽散为一尘。譬如研究一滴的水的性质，就可以断定这一滴的水和全海的水有关系。又譬如，桌上飞来一块纸片，这纸片何由构成？是构成于植物；植物何由生长？是生长于地球；地球何由成立？是成立于瓦斯体。但这纸片何由而飞来？是由于风吹；风吹何由而发生？由于空气流动；空气何以流动？是由于空气所受的冷热不均。又风吹的结果，致拔木发屋；拔木发屋的结果，致伤人畜；因是影响到都市村落，森林道路。可见桌上飞来一块纸片，就有了这么多的关系牵涉。这就是回互的意义。

不回互的结果，则万法各住本位，法法不相到，法法不相知。各个现象彼此在一种孤立的状态中。譬如耳司闻，目司见，手司动作，脚司行走。耳不能代目，目不能助耳。手忙时脚不能分手之劳，脚乱时手不能分脚之力。各住本位，各司所职，彼此不生联系，彼此不相牵涉。这便是不回互的意义。

禅家的思想就以为世界真相不外是回互与不回互的两种状态。回互便成一本，不回互便生万殊；回互便是理，不回互便是事；回互便是暗，不回互便是明。归结地说，回互便是同，不回互便是参。但回互的结果又产生其他的回互，绵延辗转，无有止极，正如上面所举桌上纸片的例子，这就叫作"回而更相涉"。如果不回互，那么宇宙万象仍然各住本位，所谓"不尔依位住"。以上是说明万法的关系。

色本殊质象，声元异乐苦；暗合上中言，明明清浊句。

在上面已经说过世间万法只是两种状态，便是回互不回互，这里他就拿色与声来举例。因为色与声比其他更来得显著些。这即是说色与声在六境中为胜义,可以代表其余的现象。色境有质与象的不同,声境有乐与苦的殊异。色境中在质的方面说,有金、石、木各样的不同,在象的方面说,有三角、四方、圆的不同;而声境中也有各种快乐的音和各种悲苦的音之差别。单从色声两境去看,就可知其中千差万别。更推而至于六境,那千差万别,更是有加无已。但他以为这种种千差万别,都不过表现在明的一方面,若暗的一方面,便仍然是回互的状态,仍然是紧相联系着,所以说"暗合上中言,明明清浊句"。就是说在暗的方面是"回互"的,若在明的方面,则有清浊、苦乐、善恶等的不同,即是"不回互"的。

四大性自复,如子得其母;火热风动摇,水湿地坚固。眼色耳音声,鼻香舌咸醋;然依一一法,依根叶分布。

这里仍是照上面的四句之意,先说明万殊,再归到一本。即万法虽各住本位,有其不可变化之性;但万法都不外是理体界的显现,依着本根而分布为枝叶。所谓四大,即地、水、火、风。他以为地、水、火、风各有其性,其性之永不变化而复归于原本,一如孺子之不离其母。譬如火的热性,风的动荡性,水的湿性,地的坚固性,都是不变的;纵然形式上有改变,但本性是不变的。除四大外,又如六根中的眼、耳、鼻、舌等,其所产生的六境,也是这样。眼管色、耳管声、鼻管香、舌管咸醋——莫不各有其性而永无变易。所以从四大和六根看,它们都各有殊异,保持着"不回互"的状态。

但这种"不回互"的状态,却都是从"回互"的状态发生出来的,正如枝叶从根蒂分布出来的一样。所谓万殊发自一本,便是这个意思。

本末须归宗,尊卑用其语。

这两句是对上边所说种种略作结语,谓万法的根、叶、本、末,都须归合为一。同便是本,参便是末,穷本末的究竟,都不能不归到一个总根源,这总根源即为佛心。四大六根都只是佛心的显现。一切万法都是佛心的显现,因此用不着拿文字去翻译,用不着拿言语去说明,莺便用它嘤嘤的莺声,燕便用它煦煦的燕语,少女便用她的婉转清脆的娇啼,老妪便用她的气逆哽咽的败嘎,日本人使用他的阿伊乌爱啊,英国人便用他的 ABCDE,这就是所谓人籁天籁地籁。

又不仅言语文字,无论是一动一静、一饮一啄、一闻一见、一思一虑,都莫不如此,结果都归结到佛心。因此,回互之中有不回互,不回互之中有回互。万殊所以一本,一本所以万殊。参之所以同,同之所以参,更看不出什么参同,这便是参同契。

当明中有暗,勿以暗相遇;当暗中有明,勿以明相睹。

因为回互中有不回互,不回互中有回互,故明中有暗,暗中有明。人们不应在暗中才看出暗,在明中才看出明。当知明生自暗,暗发出明,明暗根本是统一的。明就是历然不爽的不回互,暗就是圆融无碍的回互。

明暗各相对，比如前后步；万物自有功，当言用及处。

明与暗相对着，如脚的步行一般。在不回互方面看，则前步和后步不同；但在回互方面看，则前步为后步的先导，后步为前步的连续。明与暗的关系正是这样。万法固然只是回互和不回互的两种状态，人们也宜知道万物有其各别的功能。水有水的功能，火有火的功能，山有山的功能，泽有泽的功能。功能的表现随物的作用和位置而有不同。水足以灭火，火足以化水。山居泽上，泽绕山旁。一切万物的功能都由各别的作用和相互的位置而生差别。人们都应知道：这作用和位置一有错误，则宇宙间一切事象，都不成体系也无所谓宇宙的真理了。反之，若用与处正常无误，则宇宙真理遂活泼泼地显现出来。

事存函盖合，理应箭锋拄；承言须会宗，勿自立规矩。

在此处是说事与理应相切合无间。事存于理中，如函盖之相切合；理应于事相，如箭锋之相针对。关于"箭锋拄"的解释，说见《列子》。《列子》中有这样一段故事，谓古时有两个绝妙射手，一为纪昌，一为飞卫，彼此都自以为天下无敌。有一天这两人恰好在田野中相遇，于是双方各展所长，冀消灭对方，乃放射，结果，双方箭锋恰恰相针对而落于地。这些都是说明理与事应相切合，不可自立规矩。

触目不会道，运足焉知路？进步非近远，迷隔山河固。谨白参玄人，光阴莫虚度！

文将结束时，他告人要随时随地彻悟佛心，否则即不能到达涅槃的妙境。意思是说，如不就目所见的一些事相，体会入佛之道，彻悟大仙之心，则如何能入佛国，超生西土？纵欲修行成佛，亦恐运足无路。所以他结末告诉人们要努力精进，勿自陷入迷惘之中。

我们总看全文，知道石头希迁的思想，在说明理事相即，参同相契，与乎一切事象的联系性，而归本于佛心。在全文中，"本末须归宗，尊卑用其语"，是极紧要处。禅宗所重，是本地风光，绝对排斥有意造作，和庄子"夫言非吹也，言者有言"，有相发明之处。禅宗认宇宙间一切事象都有它的本来面目，不能用言语文字解说出来，如果用言语文字解说出来，便要知道言语文字也就不过是一种言语文字，正如庄子所谓"言者有言"，却并不是不用言语文字解说的那种本地风光，正如庄子所谓"言者非吹"。禅家所以不立文字，单传心印，意即如此。这便是"本末须归宗，尊卑用其语"的意思。所以这两句是极其重要的。

石头希迁的思想，到了李翱手里，遂发展成为《复性书》。宋、明思想家不待说，当然更受到石头希迁的影响。

三、《五位颂》与《四料简》

在禅家思想产物中，除《参同契》而外，还有《五位颂》和《四料简》两文也是很重要的。因为这两文都和《参同契》的立场一样，同是说明理与事的关系的。假如我们明了了《参同契》之后，更将《五位颂》和《四料简》加以一番认识，便对于禅家的哲理不难彻底了解了。现在先将《五位颂》说明。

（一）《五位颂》

《五位颂》的作者究竟是谁，到现在还没有定论。不过一般人都相信是洞山良价作的。《五位颂》在文字上说是很简单的，可是在意义上说，却是异常奥妙。所谓"五位"，便是：

正中偏，偏中正，正中来，偏中至，兼中到。

每一位说明一派真理，也可说每一位说明一派立场，如果仔细研究一番，也颇有趣味。洞山良价拿"正""偏""兼"三点阐明宇宙的真理。"正"就理体说，"偏"就事相说，"兼"则包括各方面而言。他以为一切学说，都可以包括在这五位之中。现在依次说明。

正中偏

在未解释正中偏之前，我们须先对"中"字检讨一下。他这里所说的"中"，并非照普通所诠释的当中、里面的意思，乃含着正即中、偏即中、中即正、中即偏的见解，即"无一物处无尽藏"之意。贯通五位，就靠这"中"字，正是贯通空有的"中道"。"中"字说明了，再说明五位，才有着落。

正中偏是说平等即差别，理体即相事。正虽是空无一物，但千差万别的事相，无不尽藏于此。这即是说平等的、理体的正，就内含着差别的、事相的偏。简捷地说，正即是偏，或理体界即是事相界。这是从理体看事相的。苏东坡有首诗说："素纨不画意高哉，倘着丹青堕二来。无一物中无尽藏，有花有月有楼台。"

所谓"无一物中无尽藏",便是"正中偏"的意思。在"无一物中"的素纨中,正可显现出"有花有月有楼台"的"无尽藏"。所以这一位的颂语,这样写着:"正中偏,三更初夜月明前。莫怪相逢不相识,隐隐犹怀旧日嫌。"三更初夜月明之前,乃正位的暗走向偏位的明的时候,于是无物之中渐渐地呈现万物。所谓"隐隐犹怀旧日嫌",即谓在这时乃悟到万法原来平等一如的。总之,在这位中所讲的差别,是平等中的差别,与次位恰恰相反。

偏中正

偏中正是说差别即平等,事相即理体,和正中偏是说的同样的道理,不过立脚点有不同。一个从理体方面看宇宙,一个从事相方面看宇宙。前者是说一切差别都统括于真如法性之中;后者是说在一切差别里面都具有真如法性的道理,也即是说宇宙万象虽立于差别之上,却都趋向平等一如的本体。所以这一位的颂语和上面的恰相反。颂云:"偏中正,失晓老婆逢古镜。分明觌面别无真,休更迷头犹认影。"

上一回所描写的,是黑夜的光景,这一回所描写的,却是万象历历可指的白昼的光景。在白昼的时候,拿了古镜自己一照,才知道从前的娇羞的面影,现在却成了丑陋不堪的老媪。宇宙间森罗万象,正复如此。宇宙间森罗万象,虽备极丑陋,然而都可归结到平等一如的真如法性。正是"差别即平等之意"。

正中来

正中来是就理体的妙用说。理体不是现象,可是现象的发生不能不靠理体;平等不是差别,可是差别的表现不能不依平等,因为现象界、差别界都是从理体界、平等界出来的，这就是正中来的妙处。这位的颂语是："正中来，无中有路隔尘埃。但能不触当今讳，也胜前朝断舌才。"

所谓"无中有路"，即是说从真如法性发见一条通路，而能统摄千差万别之诸法，以自由自在活动于宇宙间。这条通路是与真妄迷悟、定散是非之分别判断相隔绝的，也是言语文字所不能说明的。禅机一触，便觉得真如法性具有绝对权威，非议论、理由、种种理智上的努力所能形容其万一。所谓横说竖说，不如一字不说。而在不言不语之中，却又如狮子吼，又如雷鸣。所以入禅之道，言语道断，一超直入，常智不足以语此。

偏中至

偏中至是就事相的功能说。现象不是理体，但能尽表显理体之能事；差别不是平等，但能参平等之化育。因为理体界、平等界的"正"，非借现象界、差别界的"偏"就无由显现，故说"偏中至"。颂云："偏中至，两刃交锋不须避。好手犹如火里莲，宛然自有冲天气。"

上面的正中来，是在真如法性之里，找出一条通路，使万物归向理体。现在的偏中至，却正相反，完全在事相方面着力。宇宙万象千差万别，都能自保其本来面目，自尽其应有职责，随缘而同化，应机而接物。异己之来则有以优容之，伎俩之施则有以招架之。得心应手，无往而不自由自在。正如两刃交锋，龙虎相斗，稍一不慎，即堕危机。但处兹心猿意马，五欲六尘之场，得左冲右撞，不损毫发。不仅水中可以生莲，即火中亦可以生莲。其气象之磅礴，不难想见。这便是偏中至的境界。

兼中到

上面四句如用《心经》的话来说：第一句，空即是色；第二句，色即是空；第三句，空即是空；第四句，色即是色。至第五句所谓兼中到，乃是超越一切相对的境界，非正非偏，亦正亦偏，非空非色，亦空亦色，完全是一种圆融无碍的妙境。故"兼"的意义即为体相一如的境界。既不执事，亦不契理，非事非理，亦事亦理。这句话为禅家所特别重视。但欲适切解释，实颇不易。苏东坡另有首诗说："庐山烟雨浙江潮，未到千般恨未消。到得还来无别事，庐山烟雨浙江潮。"这首诗很可以帮助我们了解"兼中到"的道理。

本位颂云："兼中到，不落有无谁敢和。人人尽欲出常流，折合还归炭里坐。"这颂专描写本地风光。凡天地的妙用，宇宙的灵机，都莫不尽量地呈露出来。正中来是倚重他力的，偏中至是专靠自力的，结果都落入兼中到。"兼"字非"兼务""兼带"之兼，乃事理合一，事理无碍的境界，即超越一切有无生死、迷悟凡圣、是非善恶一切相对的境界。但"人人尽欲出常流"，以为我要如何超凡入圣，去迷成悟，先存一个凡圣迷悟的分别之心，所以结果"还归炭里坐"，这都是由于不了解兼中到的道理。

从前承阳大师在天童会下，身心脱落，得到如净禅师的密印还朝，常语人云："这里一毫佛法也没有，空手入唐还乡。"这件故事，也可以描写兼中到的境界。

我们既然一一地研究过《五位颂》了，就知道它是将天地自然的万物现象从本体、现象、妙用三方面去观察，以阐明事理之关系，阐明事理在这三方是圆融无碍的。禅家不重文字言说，专在彻悟佛心,故所遗留文字记述甚少,可供我们参考者不多。不过我们在这里可知道的就是《五位颂》的思想是禅家一贯的道理,与《参同契》的思想是互相发明的。

(二)《四料简》

《四料简》为临济义玄所作,原文是:

夺人不夺境,夺境不夺人,人境俱夺,人境俱不夺。

这四句可说是四种看法,或四个标准;我们可以用这些标准去观察宇宙万事万物。宇宙是"差别"相,也可说只是"一"相。因为一切法散为一一法,一一法又摄于一切法,所以差别即是平等,平等即是差别;小非大,大非小;小即大,大即小;有非无,无非有;有即无,无即有。与之,则万物皆备于我;夺之,则我育于万物。就客观说,只见有宇宙,不见有人,故曰"夺人不夺境";就主观说,只见有人,不见有宇宙,故曰"夺境不夺人"。但只是就人与境上着眼,犹不免滞执于人与境,未能达观万物、彻悟宇宙之理,所以要进一步不为人境所系牵,不滞执于人境,这一步便是"人境俱夺"了。可是这进一步的见解也不算超绝。因这一境犹属有意作为,不是本地风光。为要不掩蔽本来面目而犹能达于超绝的境地的,则唯有"人境俱不夺"的看法。

这四句话,可以用撞钟的譬喻来说明:

夺人不夺境

这是说钟鸣而撞木不鸣,无钟则钟音不起;是在客观的境

（钟）着眼，是注重境而不注重人。这是第一个标准。

夺境不夺人

这是说钟鸣实起于撞木，无撞木则钟音不起；是在主观的人（撞木）着眼，是注重人而不注重境。这是第二个标准。

人境俱夺

这是说钟鸣不起于钟，亦不起于撞木，乃是起于钟与撞木之间；是从主观客观的关系上着眼，不专注重人或境。这是第三个标准。

人境俱不夺

这是说钟也要紧，撞木也要紧，撞木与钟之间也要紧，三者缺一不可。这种看法，是不单执着于人或境，又不故意作为而掩蔽了人或境。这是第四个标准。

禅家思想特重第四个标准，因这种境界，正是表现本地风光，这是"执事元是迷，契理亦非悟"的看法，是"本末须归宗，尊卑用其语"的看法，可见禅家的思想，都是一贯的。

总之，我们若能把握住禅家的根本立场，认识其思想要点，则凡属禅家哲理中一切话头都可领会。我们在看过《五位颂》和《四料简》之后，更可明白禅家思想的主眼。禅家因为作了这么一番的努力，所以后来在中国哲学界便发生了很大的影响，将于次节说明。

四、禅家对唐宋以后思想界的影响

禅家的思想是很致密的，它的一超直入的主张，最适宜生长于封建社会，而为统治阶级所欢迎。统治阶级的命令便是一超直入的，不许加以说明的，言语文字都成为赘余无用的。所以禅家思想在唐以后特别发达。

（一）禅家对于唐代李翱的影响

李翱在唐代算是一位突出的人物，他的思想虽参和着儒、佛、道三家的成分，但对于禅家的造诣独高。我们在他的《复性书》里面就可以看到他匠心独具。文云：

> 或问曰："人之昏也久矣。将复其性者必有渐也，敢问其方？"曰："弗虑弗思，情则不生；情既不生，乃为正思。正思者无虑无思也。"……曰："已矣乎？"曰："未也，此斋戒其心者也，犹未离于静焉。有静必有动，有动必有静，动静不息，是乃情也……方静之时，知心无思者，是斋戒也。知本无有思，动静皆离，寂然不动者，是至诚也。"……问曰："本无有思，动静皆离，然则声之来也，其不闻乎？物之形也，其不见乎？"曰："不睹不闻，是非人也，视听昭昭，而不起于见闻者斯可矣。无不知也，无不为也。其心寂然，光昭天地，是诚之明也。"

我们看了这段话，便知道他的思想全出自禅家。所谓"弗虑弗思"，所谓"正思"，便与禅家的"无念者正念也"完全吻合。禅以无念为宗，恐滞两边，恐生执着，故主无念。譬如"斋戒其心"，是犹不免执着"静"的一边；有静必有动，那就仍旧是些参同，而不是参同契，所以主张"动静皆离"，就是要把动静的执着都去了，才能达到佛心，才是所谓"至诚"。不过又要知道，所谓动静皆离，并不是不闻不见，而是"视听昭昭"。就是当视听的时候，毫不起见闻的执着，这便是禅家的功夫。

禅家谈到佛，每说"将来打死与狗子吃"，这便是说执着的佛应该打死，即打破执着。学禅的人，游遍天下名山大川，问遍世间高僧法师，却一点学不到什么，但一触禅机，便能恍然大悟。凡属禅悟，都是如此。李翱完全明白这个道理，所以能见到"动静皆离"的一步。李翱曾亲承禅师药山惟俨之教，其所以能透彻禅理，也是无足怪异的。这是禅宗在唐代所发生的影响。

（二）禅家对于宋、明诸儒的影响

禅家对于宋、明诸儒所发生的影响，更远非唐代所能及。宋、明诸儒几乎没有不是拿禅学做背景而别标榜所谓儒学，几乎没有不是先研究禅学许多年然后再求合于儒学，他们暗地里都结识许多禅师禅友。周濂溪的师友最多：有说他曾就学于润州鹤林寺寿涯的，有说他曾问道于黄龙山慧南及晦堂祖心的，又有说他曾请业于庐山归宗寺佛印及东林寺常聪的，大抵与佛印及常聪的关系最深。濂溪悟到窗前草与自家生意一般，全是佛印的影响。至于东林的关系更是密切：他的《太极图说》，恐怕也和东林有关；他主静的功夫，大半从东林得来。

《居士分灯录》说："敦颐尝叹曰：'吾此妙心，实启迪于黄龙，发明于佛印，然易理廓达，自非东林开遮拂拭，无繇表里洞然。'"他这样尊重禅学，毋怪游定夫竟要骂他是个"穷禅客"。据东林门人弘益所记：张横渠曾与周濂溪同出东林门下，受性理之学。如果这话可信，那就是周、张之学源出同一的系统。

张横渠与程明道终日讲论于兴国寺。那时的兴国寺是常有禅师主教的。可见张、程之学，又有一种禅学上的关系。程明道禅学的师授，虽不易考见，但他"出入于老、释者几十年"，也许他禅学上的朋友很不少。高景逸说："先儒惟明道先生看得禅书透，识得禅弊真。"这样看来，明道的禅学功夫，也许是从自己看书入手的。

程伊川之学，系从黄龙之灵源得来。《归元直指集》说："《嘉泰普灯录》云：'程伊川……问道于灵源禅师，故伊川之作文注书，多取佛祖辞意……或全用其语。如《易传序》体用一源显微无间。'"可见伊川和灵源的关系是很深的。我们从《灵源笔语》中又可以看到伊川和灵源之师晦堂祖心有对见之事。晦堂在元符三年（1100年）以七十六岁入寂，伊川在绍圣四年（1097年）以六十五岁被窜于涪州，则与晦堂相见，当是绍圣四年以后之事。这些关系在《禅林宝训》中也有说到。

朱晦庵之学，则从大慧宗杲、道谦得来。"熹尝致书道谦（大慧宗杲之嗣）曰：'向蒙妙喜（大慧）开示……但以狗子话时时提撕，愿投一语，警所不逮。'谦答曰：'某二十年不能到无疑之地，后忽知非勇猛直前，便是一刀两段。把这一念提撕狗子语头，不要商量，不要穿凿，不要去知见，不要强承当。'熹于言下有省，并撰有《斋居诵经诗》。"后来道谦死时，朱晦庵祭以文，略曰："……下从长者，问所当务。皆告之言，要须契悟。开悟之语，不出于禅。我于是时，则愿学焉……始知平生，浪自苦辛。去道日远，无所问津……师亦喜我，为说禅病。我亦感师，恨不速证……"可见朱晦庵之学是受了大慧、道谦最大的影响的。

至陆象山禅学的功夫，恐怕比朱晦庵还要深，所以"宗朱者诋陆为狂禅"。陆象山之学，是远宗李翱，近继周、程的。李翱《复性书》说："东方如有圣人焉，不出乎此也。南方如有圣人焉，亦不出乎此也。"陆象山就拿住这段话做他学说的出发点。陆曾有一段自白，他说："某虽不曾看释藏经教，然于《楞严》《圆觉》《维摩》等经则尝见之。"

宋代的禅学，大抵凭依《楞严》《圆觉》《维摩》等经，无怪"天下皆说先生（陆九渊）是禅学"。由陆象山而王阳明，禅学的造诣可谓达到百尺竿头。王阳明也有一段自白。他说："因求诸老、释，欣然有会于心，以为圣人之学在此矣。"可见他于老、释之学，不仅有根底，而且看得极重的。他的讲友湛甘泉，是禅门造就最高的，王阳明也许有几分受到湛甘泉的影响。照以上所述，可知宋、明儒都和禅学发生了最深的关系。

……以上关于禅家哲理及禅家对中国哲学思想界的影响，大体述意。禅家是站在极端的观念论的立场，那是毋庸说明的。它所谓"不立文字，以心传心"，是废止一切言论并摧废一切科学的企图，这完全是封建社会观念论发展的最高产物。就以印度的禅而论，他们仍是看重文字的，因为真正的佛教，离开文字便无从说。所以在先要积了许多的多闻熏习的功夫，然后能因事见理，随事作观，随事有省，随时悟得，这便是禅的境界。

总之，以教解禅，尚有可明之理，以禅解禅，则陷于迷障不知所云。印度的禅到了中国之后，为什么会流为"不立文字"的禅宗，为什么会成为"一超直入"的禅宗，这是中国封建社会矛盾日趋于尖锐化的缘故。尤其是禅宗发展于唐以后，更明明白白地是统治阶级权力集中的反映。资本主义社会尚需要科学，若在封建形态尖锐化的社会是根本用不着科学的。这是禅宗能在中国迅速地发展的理由。

禅宗既为统治阶级所欢迎,而在专以维护封建自任的儒家,更莫不变本加厉,因而有"儒表禅里"的主张……无论佛化或耶化,在统治阶级的心理,都是把它当作羁縻大众最有力的工具。所以宗教传播的问题,在现代富阶级性的国家,都成为严重的问题。

生命哲学

知命与努力

梁启超

今天所讲的题目是"知命与努力",知命同努力这两件事,骤看似乎不易合并在一处,《列子·力命》篇中曾经说明力与命不能相容,我从前作的诗也有"百年力与命相持"之句,都是把知命同努力分开,而且以为两者不能并存,可是,究竟是不是这样呢?现在便要研究这个问题。胡适之先生在欧洲演说中国文化,狠攻击知命之说,以为知命是一种懒惰哲学,这种主张,能养成懒惰根性。这话若不错,那么,我们这个懒惰人族,将来除自然淘汰之一途外,真没有别条路可走了。但究竟是不是这样呢?现在还当讨论。

在《论语》里面有一句话:"不知命无以为君子。"意思是说:凡人非有知命的功夫不能做君子。君子二字在儒家的意义常是代表高尚人格的。可以知道儒家的意见,是以知命为养成高尚人格的重要条件。其他"五十而知命"等类的话很多,知命一事在儒家可谓重视极了。再来返观儒家以外的各家的态度怎样呢?墨家树起反对之帜,矫正儒家,所攻击的,大半是儒家所重视的。所以墨家自然不相信命，《墨子·非命》篇中便极端否认知命，在现在讲，可算"打倒知命"了。

列子的意见，更可从《力命》篇中看出，他假设两人对话，一名力，一名命，争论结果，偏重于命。列子是代表道家的，可见道家的主张，是根本将命抬到最高的地位，而将力压服在下面，和墨家重力黜命的宗旨恰恰相反。可是儒家就不然，一面讲命，一面亦讲力，知命和努力，是同在一样的重要的地位，即以"不知命无以为君子"一句论，为君子便是努力，但却以知命为必要条件，可知在儒家的眼光中两者毫无轩轾了。

命字到底怎么解呢？《论语》中的话很简单，未曾把定义揭出来。我们只好在儒家后辈的书籍中寻解说，《孟子》，《荀子》，《礼记》，这三种都是后来儒家的重要的书。《孟子》说："莫之致而至者命也。"意谓并不靠我们力量去促成，而它自己当然来的，便是命。《荀子》说："节遇谓之命。"节是时节，意谓在某一时节偶然遇着的，便是命。

《礼记》说："分于道之谓命。"这一条戴东原解释得最详，他以为道是全体的、统一的，在那全体的里面，分一部分出来，部分对于全体，自然要受其支配，那叫作"分限"，便是命。综合这几条，简单的说，就是：我们的行为，受了一种不可抵抗的力量的支配，偶然间遇着一个机会，或者被限制着只许在一定范围内自由活动，这便是命。命的观念，大概如此。

分限——命——的观念既明，究竟有多少种类，经过详密的分析，大约有下列四种：

（一）自然界给予的分限：这类分限，极为明显易知，如现在天暖，需服薄衣，转眼秋冬来了，又要需用厚衣，这便是一种自然界的分限。用外国语解释，便是自然界对于人类行为，给的一个 order，只能在范围内活动，想超过是不能的。

人类常常自夸，人力万能征服了自然界，但是到底征服了多少，还是个问题，譬如前时旧金山和日本的地震，人类几十年努力经营的结果，只消自然界几秒钟的破坏，便消灭无余，人类到底征服了自然界多少呢？近几天，天文家又传说彗星将与地球接近，星尾若扫到地面，便要发生危险，此事固未实现，然假设彗星尾与地面接触了，那变化又何堪设想，彼时人类征服自然界的力量又如何呢？这样便证明自然界的力量，委实比我们人类大得多，人类不得不在它给予的分限中讨生活的。

（二）社会给予的分限：凡是一个社会，必有它的时间的遗传和空间的环境，这两样都能给予人们以重（要）的分限。无论如何强有力的人，在一个历时很久的社会中，总不能使那若干年遗传的结果消灭，并且自身反要受它的影响。即如我中华民国，挂上民治招牌已十六年了，实际上种种举动，所以名实不副者，实在是完全受了数千年历史所支配，不可自拔。

社会如此，个人亦如此，一人如此，众人亦如此，不独为世所诟病的军阀官僚，难免此情力之支配，乃至现代蓬勃之青年，是否果能推翻情力，不受其支配，仔细思之，当然不敢自信。吾人一举一动，一言一行，所不为情力所干涉者，实不多见的。至于空间方面，亦复如是，现在中国经济状况，日趋贫乏，几乎有全国国民皆有无食之苦的景况，若想用人的力量去改这种不幸的情形，不是这一端改好，那一端又发生毛病；便是那一端改好，这一端又现出流弊。环境的势力，好似一条长链，互相牵掣，吾人的生活，便是在这全国环境互相牵掣的势力支配的底下决定，人为的改造，是不能实现的。

小而言之，一个团体，也是这样，凡一个学校，它有学风，某一个在这学校里念书的学生，当然受学风的影响和支配，想跳出学风以外，是不容易的。而这个学校的学风，又不是单独成立的，又与其他学校，发生连带关系，譬如在北京某一学校，它的学风，不能不受全北京学校的学风的影响和支配，而不能脱离，就是这样。全北京的学风，影响到某一校；一校的学风，又影响到某一人，关系是如此密切而复杂，所以社会在空间上给予人们的分限，是不可避免，而不易改造的。

（三）个人固有的分限：在个人自身的性质、能力、身体、人格、经济，诸方面，常有许多不由自主的状态，这便是个人固有的分限。这些分限，有的是先天带来的，有的是受了社会的影响自然形成的，然而其为分限则一。譬如有些人身体好，有些人身体坏，身体好的人每天做十多点钟的功课，不觉疲倦，身体弱的人每天只用功几点钟，便非常困乏，再不停止，甚至患病，像这种差别，是没有法子去平均和补救的。讲其原因，自然是归咎于父母的身体不强壮，才遗传这般的体质。

这不独个人为然，即以民族而言，华人同欧美比较，相去实在很远，这都是以前的祖先遗留的结果，不是一时的现象，然而既经堕落到如此地步，再想齐驱并驾，实无方法可施。既曰实行卫生，或可稍图改善，然一样的运动，一样的营养，而强者自强，弱者自弱，想立刻平等，是不可能的。才能经济诸端，尤其易见，有聪明有天才的人，一目十行，倚马万言，资质愚笨的人，自然赶他不上；有遗产的子弟，可以安富尊荣，卒业游学，家境困苦的人，自然千辛万苦，往往学业不完，这种分限，凡为人类，怎能逃脱。身体才能，固然不能变易，即如物质方面之经济力，似乎可以转换，然而要将一个穷学生于顷刻中化为富豪，亦是不能实现的事。物质的限制尚且如此之难去，何论其他，个人分限，诚不可轻视的了。

（四）对手方给予的分限：凡人固然自己要活动，然而同时别人也要活动，彼此原都是一样的。加之人的活动方面，对自然常少，而对于他人的常多，所以人们活动是最易和他人发生关系的，既然如此，人们活动的时候，那对手方对于自己的活动也很有影响，这影响就是分限了。人们对他人发生活动，他人为应付起见，发出相当的活动来对抗。于是自己起了所谓反应，反应也有顺的，也有逆的，遇见顺的，尚不要紧，遇见逆的，则自己的活动将受其限制，而不能为所欲为，于是便构成了对手方的分限。这可以拿施教育者与受教育者做个比方，施者虽极力求其领会，然受者仍有活动的余地，若起了逆的反应，这个教育的方法，便要失败的。

此犹言团体行为也，个人对个人也是如此，朋友、夫妇间的关系，何莫不然，无论如何任性的人，他的行为总难免反（受）其妻之若干分限，妻之方面亦同，人生最亲爱者，莫如夫妇，而对手方犹不能不有分限，遑论其他。犹之下棋，我走一着，人亦走一着，设禁止人之移棋，任我独下，自属全胜，无如事实不许，禁止他人，既难做到，而人之一着，常常与我以危险，制我之死命，于是不得不放弃预定计划，与之极力周旋，以求最后之胜利。此即对手分限之说，乃人人相互间，双方行为接触所起之反应了。

此四种分限——再加分析，容或更有——既经明隙，只受一种之限制时，已足发生困难，使数十年之工作，一旦毁坏，然人生厄运，不止如是，实际上，吾人日常生活，几无不备受四种分限之包围和压迫。因此，假使有一不知命的人，不承认分限，甚至不知分限，或不注意分限，以为无论何事，我要如何便如何，可以达到目的。此种人勇气虽然很大，动辄行其开步走的主义，一往直前，可是，设使前边有一堵墙，拦住去路，人告诉他前面有墙，墙是走不过去的，而他悍然不顾，以为没有墙，我不信墙的限制，仍然前行。有时前面本是无墙，侥幸得以穿过，然已是可一不可再的成功，今既有墙，若是墙能任意穿行，自然很好，但墙实在是不能通过的东西，于是结果，他碰了墙，碰得头破脑裂，不得不回来，回来改变方向，仍是照这样碰墙，碰了几回之后，一经躺下，比任何软弱人还软弱，再无复起的希望。因他努力自信，总想超过他的希望，不想结果失望，自然一蹶不振，这种人的勇气，不能永久保持，一遇阻碍，必生厌倦，所以不知命——不信分限，专恃莽气的人是很难成功的。

儒家知命的话，在《论语》中有很重要的一句，便是批评孔子的："知其不可为而为之"那一句。可见知其可为而为之——不知或不信分限，不是勇气；必要知其不可为而为之，才算勇气。明知山上有金矿动手去掘的人，那不算有勇；要明知不可为，而知道应该去做的人，才算伟大。这句话很可以表现孔子的全部人格，也可以作为知命与努力的注脚，"知其不可为"便是知命，"而为之"便是努力，孔子的伟大和勇气，在此可以完全看出了。

我们的科学家，或是梦想他的能力可以征服自然界，能够制止地震，固不算真科学家；或是因为知遇地震无法防止，便不讲预防之法，听其自然，也非真科学家。我们的真科学家，必具有下列的精神，便是明知地震是无法控制的，也不做谬妄的大言，但也不流于消极，仍然尽心竭力去研究预防的（方）法，能够预防多少，便是多少，不因不能控制而自馁，也不因稍一预防而自夸，这种科学家才是真科学家，如我们所需要的。他们的预料，本来只在某一限度，限度之上就应当无效或失败，但他们知道应该做这种工作，仍是勤勉地去做着，尝试复尝试，不妨其多，结果如是失败，原不出其所料，万无失望的打击，幸而一二分的成功，于是他们便喜出望外了。知命之道，如此而已。

这种一二分的成功，为何可喜呢？因为世界的成功，都是比较的，无止境的。中国爱国的人，都想把国家弄得像欧美日本一样富强，好似欧美日本便是国家的极轨一样，谁知欧美日本，也不见得便算成功，国中正有无穷的纷扰哩！犹如《列子》所语的愚公移山，他虽不能一手把很高的山移完，可是他的子孙能够继续着去工作，他及身虽只能见到移去一尺二尺，也是够愉快，比起来未见分毫的移动，强得多了。成功犹如万万里的长道，一人的生命能力，万不能走完，然而走到中途，也胜于终身不走的哩！所以知命者，明知成功之不可必，了解分限之不可逃，在分限圈制前提之下去努力，才是真能努力的人啊！

我们为何需要真正的努力，因为只有真正的努力，才可不厌不倦。人何以有厌倦，多因不知分限，希望过大，动遭失败，所以如此。知命的人，便无此弊。孔门学问如"学而不厌，诲人不倦"，"为之不厌，诲人不倦"，"居之无倦"，"请益。曰：无倦"，"自强不息"，"不怨天不尤人"诸端。所谓不厌、不倦、不息、不怨、不尤，都是不以前途阻碍而退馁，是消极的知命。如"学而时习之，不亦说乎，有朋自远方来，不亦乐乎"，都是以稍有成功而自娱，是积极的努力。

所以我们不只要排除尊己黜人的妄诞，也宜蠲去美人恨己的忧伤，因这两者都于事实是无益的。我人徒见美国工人生活舒适，比中国资产阶级甚或过之，于是自怨自艾，于己之地位运动宁复有济。犹之豫湘人民，因罹兵灾，遽羡妒他省人民，又岂于事实有补。总之，生此环境，丁此时期，唯有勤勉乃身，委曲求全，其他夸诞怨艾之念，均不可存的。

孔子的"发愤忘食，乐以忘忧"功夫，实在是知命和努力的一个大榜样。儒家弟子，受其感化的，代不乏人，如汉之诸葛亮，固知辅蜀讨曹之无功，然而仍以"鞠躬尽瘁死而后已"为职志者，深明"汉贼不两立，皇室不偏安"之义，晓得应该如此做去，故不得不做，此由知命而进于努力者也。又如近代之胡林翼、曾国藩，固曾勋业彪炳，而读其遗书，则立言无不以安命为本，因二公饱经事故，阅历有得，故谆谆以安命为言，此由努力而进于知命者也。凡人能具此二者，则做事时较有把握，较能持久。

其知命也，非为懒惰而知命，实因镇定而知命；其努力也，非为侥幸而努力,实为牺牲而努力。既为牺牲而努力,做事自然勇气百倍,既无厌倦,又有快乐了。所以我们要学孔子的发愤忘食,便是学他的努力;要学孔子的乐以忘忧,便是学他的知命。知命和努力,原来是不可分离,互相为用的,再没有不相容的疑惑了。

知命与努力,这便是儒家的一大特色,也是中国民族一大特色,向来伟大人物,无不如此。诸君持身涉世,如能领悟此一语的意义,做到此一层功夫,可以终身受用不尽!

从孩子得到的启示

丰子恺

晚上喝了三杯老酒,不想看书,也不想睡觉,捉一个四岁的孩子华瞻来骑在膝上,同他寻开心。我随口问:"你最喜欢什么事?"

他仰起头一想,率然地回答:"逃难。"我倒有点奇怪:"逃难"两字的意义,在他不会懂得,为什么偏偏选择它?倘然懂得,更不应该喜欢了。我就设法探问他:"你晓得逃难就是什么?""就是爸爸、妈妈、宝姊姊、软软……娘姨,大家坐汽车,去看大轮船。"

啊!原来他的"逃难"的观念是这样的!他所见的"逃难",是"逃难"的这一面!这真是最可喜欢的事!一个月以前,上海还属孙传芳的时代,国民革命军将到上海的消息日紧一日,素不看报的我,这时候也订一份《时事新报》,每天早晨看一遍。有一天,我正在看昨天的旧报,等候今天的新报的时候,忽然上海方面枪炮声响了,大家惊惶失色,立刻约了邻人,扶老携幼地逃到附近江湾车站对面的妇孺救济会里去躲避。其实倘然此地果真进了战线，或到了败兵，妇孺救济会也是不能救济的。

不过当时张皇失措，有人提议这办法，大家就假定它为安全地带，逃了进去。那里面地方大，有花园、假山、小川、亭台、曲栏、长廊、花树、白鸽，孩子一进去，登临盘桓，快乐得如入新天地了。忽然兵车在墙外过，上海方面的机关枪声、炮声，愈响愈近，又愈密了。大家坐定之后，听听，想想，方才觉得这里也不是安全地带，当初不过是自骗罢了。

有决断的人先出来雇汽车逃往租界。每走出一批人，留在里面的人增一次恐慌。我们集合邻人来商议，也决定出来雇汽车，逃到杨树浦的沪江大学。于是立刻把小孩们从假山中、栏杆内捉出来，装进汽车里，飞奔杨树浦了。

所以决定逃到沪江大学者，因为一则有邻人与该校熟识，二则该校是外国人办的学校，较为安全可靠。枪炮声渐远弱，到听不见了的时候，我们的汽车已到沪江大学。他们安排一个房间给我们住，又为我们代办膳食。傍晚，我坐在校旁黄浦江边的青草堤上，怅望云水遥忆故居的时候，许多小孩子采花、卧草，争看无数的帆船、轮船的驶行，又是快乐得如入新天地了。

次日，我同一邻人步行到故居来探听情形的时候，青天白日的旗子已经招展在晨风中，人人面有喜色，似乎从此可庆承平了。我们就雇汽车去迎回避难的眷属，重开我们的窗户，恢复我们的生活。从此"逃难"两字就变成家人的谈话的资料。

这是"逃难"。这是多么惊慌、紧张而忧患的一种经历！然而人物一无损丧，只是一次虚惊；过后回想，这回好似全家的人突发地出门游览两天。

我想假如我是预言者，晓得这是虚惊，我在逃难的时候将何等有趣！素来难得全家出游的机会，素来少有坐汽车、游览、参观的机会。那一天不论时，不论钱，浪漫地、豪爽地、痛快地举行这游历，实在是人生难得的快事！只有小孩子真果感得这快味！

他们逃难回来以后，常常拿香烟篓子来叠作栏杆、小桥、汽车、轮船、帆船；常常问我关于轮船、帆船的事；墙壁上及门上又常常有有色粉笔画的轮船、帆船、亭子、石桥的壁画出现。可见这"逃难"，在他们脑中有难忘的欢乐的印象。所以今晚我无端地问华瞻最欢喜什么事，他立刻选定这"逃难"。原来他所见的，是"逃难"的这一面。

不止这一端：我们所打算、计较、争夺的洋钱，在他们看来个个是白银的浮雕的胸章；仆仆奔走的行人，血汗涔涔的劳动者，在他们看来都是无目的地在游戏，在演剧；一切建设，一切现象，在他们看来都是大自然的点缀，装饰。

唉！我今晚受了这孩子的启示了：他能撤去世间事物的因果关系的网，看见事物的本身的真相。他是创造者，能赋给生命于一切的事物。他们是"艺术"的国土的主人。唉，我要从他学习！

我二十一岁那年

史铁生

友谊医院神经内科病房有十二间病室,除去一号二号,其余十间我都住过。当然,绝不为此骄傲。即便多么骄傲的人,据我所见,一躺上病床也都谦恭。一号和二号是病危室,是一步登天的地方,上帝认为我住那儿为时尚早。

十九年前,父亲搀扶着我第一次走进那病房。那时我还能走,走得艰难,走得让人伤心就是了。当时我有过一个决心:要么好,要么死,一定不再这样走出来。

正是晌午,病房里除了病人的微鼾,便是护士们轻极了的脚步,满目洁白,阳光中飘浮着药水的味道,如同信徒走进了庙宇,我感觉到了希望。一位女大夫把我引进十号病室。她贴近我的耳朵轻轻柔柔地问:"午饭吃了没?"我说:"您说我的病还能好吗?"她笑了笑。记不得她怎样回答了,单记得她说了一句什么之后,父亲的愁眉也略略地舒展。女大夫步履轻盈地走后,我永远留住了一个偏见:女人是最应该当大夫的,白大褂是她们最优雅的服装。

那天恰是我二十一岁生日的第二天。我对医学对命运都还未及了解，不知道病出在脊髓上将是一件多么麻烦的事。我舒心地躺下来睡了个好觉。心想：十天，一个月，好吧就算是三个月，然后我就又能是原来的样子了。和我一起插队的同学来看我时，也都这样想；他们给我带来很多书。

十号有六个床位。我是六床。五床是个农民，他天天都盼着出院。"光房钱一天就一块一毛五，你算算得啦！"五床说："死呗，可值得了这么些？"三床就说："得了嘿你有完没完！死死死，数你悲观。"四床是个老头，说："别介别介——既来之，则安之。"农民便带笑地把目光转向我，却是对他们说："敢情你们都有公费医疗。"他知道我还在与贫下中农相结合。一床不说话，一床一旦说话即可出院。二床像是个有些来头的人，举手投足之间便赢得大伙的敬畏。二床幸福地把一切名词都忘了，包括忘了自己的姓名。二床讲话时，所有名词都以"这个""那个"代替，因而讲到一些轰轰烈烈的事迹却听不出是谁人所为。四床说："这多好，不得罪人。"

我不搭茬儿。刚有的一点舒心顷刻全光。一天一块多房钱都要从父母的工资里出，一天好几块的药钱、饭钱都要从父母的工资里出，何况为了给我治病家中早已是负债累累了。我马上就想那农民之所想了：什么时候才能出院呢？我赶紧松开拳头让自己放明白点：这是在医院不是在家里，这儿没人会容忍我发脾气，而且砸坏了什么还不是得用父母的工资去赔？所幸身边有书，想来想去只好一头埋进书里去。好吧好吧，就算是三个月！我凭白地相信这样一个期限。

可是三个月后我不仅没能出院，病反而更厉害了。

那时我和二床一起住到了七号。二床果然不同寻常，是位局长，十一级干部，但还是多了一级，非十级以上者无缘去住高干病房的单间。七号是这普通病房中唯一仅设两张病床的房间，最接近单间，故一向由最接近十级的人去住。据说刚有个十三级从这儿出去。二床搬来名正言顺。我呢？护士长说是"这孩子爱读书"，让我帮助二床把名词重新记起来。"你看他连自己是谁都闹不清了。"护士长说。但二床却因此越来越让人喜欢，因为"局长"也是名词也在被忘之列，我们之间的关系日益平等、融洽。

有一天他问我："你是干什么的？"我说："插队的。"二床说他的"那个"也是，两个"那个"都是，他在高出他半个头的地方比划一下："就是那两个，我自己养的。""您是说您的两个儿子？"他说对，儿子。他说好哇，革命嘛就不能怕苦，就是要去结合。他说："我们当初也是从那儿出来的嘛。"我说："农村？""对对对。什么？""农村。""对对对农村。别忘本呀！"我说是。我说："您的家乡是哪儿？"他于是抱着头想好久。这一回我也没办法提醒他。最后他骂一句，不想了，说："我也放过那玩意儿。"他在头顶上伸直两个手指。"是牛吗？"他摇摇头，手往低处一压。"羊？""对了，羊。我放过羊。"他躺下，双手垫在脑后，甜甜蜜蜜地望着天花板老半天不言语。大夫说他这病叫作"角回综合征，命名性失语"，并不影响其他记忆，尤其是遥远的往事更都记得清楚。我想局长到底是局长，比我会得病。

他忽然又坐起来："我的那个，喂，小什么来？""小儿子？""对！"他怒气冲冲地跳到地上，说："那个小玩意儿，娘个×！"

说："他要去结合，我说好嘛我支持。"说："他来信要钱，说要办个这个。"他指了指周围，我想"那个小玩意儿"可能是要办个医疗站。他说："好嘛，要多少？我给。可那个小玩意儿！"他背着手气哼哼地来回走，然后停住，两手一摊："可他又要在那儿结婚！""在农村？""对，农村。""跟农民？""跟农民。"无论是根据我当时的思想觉悟，还是根据报纸电台当时的宣传倡导，这都是值得肃然起敬的。"扎根派。"我钦佩地说。"娘了个×派！"他说，"可你还要不要回来嘛？"这下我有点发蒙。见我愣着，他又一跺脚，补充道："可你还要不要革命?！"这下我懂了，先不管革命是什么，二床的坦诚都令人欣慰。

不必去操心那些玄妙的逻辑了。整个冬天就快过去，我反倒拄着拐杖都走不到院子里去了，双腿日甚一日地麻木，肌肉无可遏止地萎缩，这才是需要发愁的。

我能住到七号来，事实上是因为大夫护士们都同情我。因为我还这么年轻，因为我是自费医疗，因为大夫护士都已经明白我这病的前景极为不妙，还因为我爱读书——在那个"知识越多越反动"的年代，大夫护士们尤为喜爱一个爱读书的孩子。他们都还把我当孩子。他们的孩子有不少也在插队。护士长好几次在我母亲面前夸我，最后总是说："唉，这孩子……"这一声叹，暴露了当代医学的爱莫能助。他们没有别的办法帮助我，只能让我住得好一点，安静些，读读书吧——他们可能是想，说不定书中能有"这孩子"一条路。

可我已经没了读书的兴致。整日躺在床上，听各种脚步从门外走过；希望他们停下来，推门进来，又希望他们千万别停，走过去走他们的路去别来烦我。心里荒荒凉凉地祈祷：上帝如果你不收我回去，就把能走路的腿也给我留下！我确曾在没人的时候双手合十，出声地向神灵许过愿。多年以后才听一位无名的哲人说过：危卧病榻，难有无神论者。如今来想，有神无神并不值得争论，但在命运的混沌之点，人自然会忽略着科学，向虚冥之中寄托一份虔敬的祈盼。正如迄今人类最美好的向往也都没有实际的验证，但那向往并不因此消灭。

主管大夫每天来查房，每天都在我的床前停留得最久："好吧，别急。"按规矩主任每星期查一次房，可是几位主任时常都来看看我："感觉怎么样？嗯，一定别着急。"有那么些天全科的大夫都来看我，八小时以内或以外，单独来或结队来，检查一番各抒主张，然后都对我说："别着急，好吗？千万别急。"从他们谨慎的言谈中我渐渐明白了一件事：我这病要是因为一个肿瘤的捣鬼，把它找出来切下去随便扔到一个垃圾桶里，我就还能直立行走，否则我多半就把祖先数百万年进化而来的这一优势给弄丢了。

窗外的小花园里已是桃红柳绿，二十二个春天没有哪一个像这样让人心抖。我已经不敢去羡慕那些在花丛树行间漫步的健康人和在小路上打羽毛球的年轻人。我记得我久久地看过一个身着病服的老人，在草地上踱着方步晒太阳：只要这样我想只要这样！只要能这样就行了就够了！我回忆脚踩在软软的草地上是什么感觉？想走到哪儿就走到哪儿是什么感觉？踢一颗路边的石子，踢着它走是什么感觉？没这样回忆过的人不会相信，那竟是回忆不出来的！老人走后我仍呆望着那块草地，阳光在那儿慢慢地淡薄、脱离,凝作一缕孤哀凄寂的红光一步步爬上墙,爬上楼顶……我写下一句歪诗:轻拨小窗看春色,漏入人间一斜阳。日后我摇着轮椅特意去看过那块草地,并从那儿张望七号窗口,猜想那玻璃后面现在住的谁?上帝打算为他挑选什么前程?当然,上帝用不着征求他的意见。

我乞求上帝不过是在和我开着一个临时的玩笑——在我的脊椎里装进了一个良性的瘤子。对对,它可以长在椎管内,但必须要长在软膜外,那样才能把它剥离而不损坏那条珍贵的脊髓。"对不对,大夫?""谁告诉你的?""对不对吧?"大夫说:"不过,看来不太像肿瘤。"我用目光在所有的地方写下"上帝保佑",我想,或许把这四个字写到千遍万遍就会赢得上帝的怜悯,让它是个瘤子,一个善意的瘤子。要么干脆是个恶毒的瘤子,能要命的那一种,那也行。总归得是瘤子,上帝!

朋友送了我一包莲子,无聊时我捡几颗泡在瓶子里,想:赌不赌一个愿?——要是它们能发芽,我的病就不过是个瘤子。但我战战兢兢地一直没敢赌。谁料几天后莲子竟都发芽。我想好吧我赌!我想其实我压根儿是倾向于赌的。我想倾向于赌事实上就等于是赌了。我想现在我还敢赌——它们一定能长出叶子!(这是明摆着的。)我每天给它们换水,早晨把它们移到窗台西边,下午再把它们挪到东边,让它们总在阳光里;为此我抓住床栏走,扶住窗台走,几米路我走得大汗淋漓。这事我不说,没人知道。不久,它们长出一片片圆圆的叶子来。"圆",又是好兆。我更加周到地侍候它们,坐回到床上气喘吁吁地望着它们,夜里醒来在月光中也看看它们:好了,我要转运了。并且忽然注意到

"莲"与"怜"谐音,毕恭毕敬地想:上帝终于要对我发发慈悲了吧?

这些事我不说没人知道。叶子长出了瓶口,闲人要去摸,我不让,他们硬是摸了呢,我便在心里加倍地祈祷几回。这些事我不说,现在也没人知道。然而科学胜利了,它三番五次地说那儿没有瘤子,没有没有。果然,上帝直接在那条娇嫩的脊髓上做了手脚!定案之日,我像个冤判的屈鬼那样疯狂地作乱,挣扎着站起来,心想干吗不能跑一回给那个没良心的上帝瞧瞧?后果很简单,如果你没摔死你必会明白:确实,你干不过上帝。

我终日躺在床上一言不发,心里先是完全的空白,随后由着一个死字去填满。王主任来了。(那个老太太,我永远忘不了她。还有张护士长。八年以后和十七年以后,我有两次真的病到了死神门口,全靠这两位老太太又把我抢下来。)我面向墙躺着,王主任坐在我身后许久不说什么,然后说了,话并不多,大意是:还是看看书吧,你不是爱看书吗?人活一天就不要白活。将来你工作了,忙得一点时间都没有,你会后悔这段时光就让它这么白白地过去了。这些话当然并不能打消我的死念,但这些话我将受用终生,在以后的若干年里我频繁地对死神抱有过热情,但在未死之前我一直记得王主任这些话,因而还是去做些事。使我没有去死的原因很多(我在另外的文章里写过),"人活一天就不要白活"亦为其一,慢慢地去做些事,于是慢慢地有了活的兴致和价值感。

有一年我去医院看她,把我写的书送给她,她已是满头白发了,退休了,但照常在医院里从早忙到晚。我看着她想,这老太太当年必是心里有数，知道我还不至去死，所以她单给我指一条活着的路。可是我不知道当年我搬离七号后，是谁最先在那儿发现过一团电线？并对此作过什么推想？那是个秘密，现在也不必说。假定我那时真的去死了呢？我想找一天去问问王主任。我想，她可能会说"真要去死那谁也管不了"，可能会说"要是你找不到活着的价值，迟早还是想死"，可能会说"想一想死倒也不是坏事，想明白了倒活得更自由"，可能会说"不，我看得出来，你那时离死神还远着呢，因为你有那么多好朋友"。

友谊医院——这名字叫得好。"同仁""协和""博爱""济慈"，这样的名字也不错，但或稍嫌冷静，或略显张扬，都不如"友谊"听着那么平易、亲近。也许是我的偏见。二十一岁末尾，双腿彻底背叛了我，我没死，全靠着友谊。还在乡下插队的同学不断写信来，软硬兼施劝骂并举，以期激起我活下去的勇气；已转回北京的同学每逢探视日必来看我，甚至非探视日他们也能进来。"怎么进来的你们？""咳，闭上一只眼睛想一会儿就进来了。"这群插过队的，当年可以凭一张站台票走南闯北，甭担心还有他们走不通的路。

那时我搬到了加号。加号原本不是病房，里面有个小楼梯间，楼梯间弃置不用了，余下的地方仅够放一张床，虽然窄小得像一节烟囱，但毕竟是单间，光景固不可比十级，却又非十一级可比。这又是大夫护士们的一番苦心，见我的朋友太多，都是少男少女难免说笑得不管不顾，既不能影响了别人又不可剥夺了我的快乐，于是给了我9.5级的待遇。

加号的窗口朝向大街，我的床紧挨着窗，在那儿我度过了二十一岁中最惬意的时光。每天上午我就坐在窗前清清静静地读书，很多名著我都是在那时读到的，也开始像模像样地学着外语。一过中午，我便直着眼睛朝大街上眺望，尤其注目骑车的年轻人和 5 路汽车的车站，盼着朋友们来。有那么一阵子我暂时忽略了死神。朋友们来了，带书来，带外面的消息来，带安慰和欢乐来，带新朋友来，新朋友又带新的朋友来，然后都成了老朋友。以后的多少年里，友谊一直就这样在我身边扩展，在我心里深厚。

把加号的门关紧，我们自由地嬉笑怒骂，毫无顾忌地议论世界上所有的事，高兴了还可以轻声地唱点什么——陕北民歌，或插队知青自己的歌。晚上朋友们走了，在小台灯幽寂而又喧嚣的光线里，我开始想写点什么，那便是我创作欲望最初的萌生。我一时忘记了死，还因为什么？还因为爱情的影子在隐约地晃动。那影子将长久地在我心里晃动，给未来的日子带来幸福也带来痛苦，尤其带来激情，把一个绝望的生命引领出死谷。无论是幸福还是痛苦，都会成为永远的珍藏和神圣的纪念。

二十一岁、二十九岁、三十八岁，我三进三出友谊医院，我没死，全靠了友谊。后两次不是我想去勾结死神，而是死神对我有了兴趣。我高烧到 40 多度，朋友们把我抬到友谊医院，内科说没有护理截瘫病人的经验，柏大夫就去找来王主任，找来张护士长，于是我又住进神内病房。尤其是二十九岁那次，高烧不退，整天昏睡、呕吐，差不多三个月不敢闻饭味，光用血管去喝葡萄糖，血压也不安定，先是低压升到 120 接着高压又降到 60，大夫们一度担心我活不过那年冬天了——肾，好像是接近完蛋的模样，治疗手段又像是接近于无了。

我的同学找柏大夫商量，他们又一起去找唐大夫：要不要把这事告诉我父亲？他们决定：不。告诉他，他还不是白着急？然后他们分了工：死的事由我那同学和柏大夫管，等我死了由他们去向我父亲解释；活着的我由唐大夫多多关照。唐大夫说："好，我以教学的理由留他在这儿，他活一天就还要想一天办法。"真是人不当死鬼神奈何其不得，冬天一过我又活了，看样子极可能活到下一个世纪去。唐大夫就是当年把我接进十号的那个女大夫，就是那个步履轻盈温文尔雅的女大夫，但八年过去她已是两鬓如霜了。

又过了九年，我第三次住院时唐大夫已经不在。听说我又来了，科里的老大夫、老护士们都来看我，问候我，夸我的小说写得还不错，跟我叙叙家常，惟唐大夫不能来了。我知道她不能来了，她不在了。我曾摇着轮椅去给她送过一个小花圈，大家都说：她是累死的，她肯定是累死的！我永远记得她把我迎进病房的那个中午，她贴近我的耳边轻轻柔柔地问："午饭吃了没？"倏忽之间，怎么，她已经不在了？她不过才五十岁出头。这事真让人哑口无言，总觉得不大说得通，肯定是谁把逻辑摆弄错了。

但愿柏大夫这一代的命运会好些。实际只是当着众多病人时我才叫她柏大夫。平时我叫她"小柏"，她叫我"小史"。她开玩笑时自称是我的"私人保健医生"，不过这不像玩笑这很近实情。近两年我叫她"老柏"她叫我"老史"了。十九年前的深秋，病房里新来了个卫生员，梳着短辫儿，戴一条长围巾穿一双黑灯芯绒鞋，虽是一口地道的北京城里话，却满身满脸的乡土气尚未退尽。"你也是插队的?"我问她。"你也是?"听得出来,她早已知道了。"你哪届?""老初二,你呢?""我六八,老初一。你哪儿?""陕北。你哪儿?""我内蒙。"

这就行了,全明白了,这样的招呼是我们这代人的专利,这样的问答立刻把我们拉近。我料定,几十年后这样的对话仍会在一些白发苍苍的人中间流行,仍是他们之间最亲切的问候和最有效的沟通方式;后世的语言学者会煞费苦心地对此作一番考证,正儿八经地写一篇论文去得一个学位。而我们这代人是怎样得一个学位的呢?十四五岁停学,十七八岁下乡,若干年后回城,得一个最被轻视的工作,但在农村待过了还有什么工作不能干的呢,同时学心不死业余苦读,好不容易上了个大学,毕业之后又被轻视——因为真不巧你是个"工农兵学员",你又得设法摘掉这个帽子,考试考试考试这代人可真没少考,然后用你加倍的努力让老的少的都服气,用你的实际水平和能力让人们相信你配得上那个学位——这就是我们这代人得一个学位的典型途径。

这还不是最坎坷的途径。"小柏"变成"老柏",那个卫生员成为柏大夫,大致就是这么个途径,我知道,因为我们已是多年的朋友。她的丈夫大体上也是这么走过来的,我们都是朋友了;连她的儿子也叫我"老史"。闲下来细细去品,这个"老史"最令人羡慕的地方,便是一向活在友谊中。真说不定,这与我二十一岁那年恰恰住进了"友谊"医院有关。

因此偶尔有人说我是活在世外桃源,语气中不免流露了一点讥讽,仿佛这全是出于我的自娱甚至自欺。我颇不以为然。我既非活在世外桃源,也从不相信有什么世外桃源。但我相信世间桃源，世间确有此源，如果没有恐怕谁也就不想再活。倘此源有时弱小下去，依我看，至少讥讽并不能使其强大。千万年来它作为现实，更作为信念，这才不断。它源于心中再流入心中，它施于心又由于心，这才不断。欲其强大，舍心之虔诚又向何求呢？

也有人说我是不是一直活在童话里？语气中既有赞许又有告诫。赞许并且告诫，这很让我信服。赞许既在，告诫并不意指人们之间应该加固一条防线，而只是提醒我：童话的缺憾不在于它太美，而在于它必要走进一个更为纷繁而且严酷的世界，那时只怕它太娇嫩。

事实上在二十一岁那年，上帝已经这样提醒我了，他早已把他的超级童话和永恒的谜语向我略露端倪。

住在四号时，我见过一个男孩。他那年七岁，家住偏僻的山村，有一天传说公路要修到他家门前了，孩子们都翘首以待好梦联翩。公路终于修到，汽车终于开来，乍见汽车，孩子们惊讶兼着胆怯，远远地看。日子一长孩子便有奇想，发现扒住卡车的尾巴可以威风凛凛地兜风，他们背着父母玩得好快活。可是有一次，只一次，这七岁的男孩失手从车上摔了下来。他住进医院时已经不能跑，四肢肌肉都在萎缩。病房里很寂寞，孩子一瘸一瘸地到处窜；淘得过分了，病友们就说他："你说说你是怎么伤的？"孩子立刻低了头，老老实实地一动不动。"说呀？""说，因为什么？"孩子嗫嚅着。"喂，怎么不说呀？给忘啦？""因为扒汽车，"孩子低声说，"因为淘气。"孩子补充道。他在诚心诚意地承认错误。大家都沉默，除了他自己谁都知道：这孩子伤在脊髓上，那样的伤是不可逆的。孩子仍不敢动，规规矩矩地站着用一双正在萎缩的小手擦眼泪。

终于会有人先开口,语调变得哀柔:"下次还淘不淘了?"孩子很熟悉这样的宽容或原谅,马上使劲摇头:"不,不,不了!"同时松了一口气。但这一回不同以往,怎么没有人接着向他允诺"好啦,只要改了就还是好孩子"呢?他睁大眼睛去看每一个大人,那意思是:还不行吗?再不淘气了还不行吗?他不知道,他还不懂,命运中有一种错误是只能犯一次的,并没有改正的机会,命运中有一种并非是错误的错误(比如淘气,是什么错误呢),但这却是不被原谅的。那孩子小名叫"五蛋",我记得他,那时他才七岁,他不知道,他还不懂。未来,他势必有一天会知道,可他势必有一天就会懂吗?但无论如何,那一天就是一个童话的结尾。在所有童话的结尾处,让我们这样理解吧:上帝为了锤炼生命,将布设下一个残酷的谜语。

住在六号时,我见过有一对恋人。那时他们正是我现在的年纪,四十岁。他们是大学同学。男的二十四岁时本来就要出国留学,日期已定,行装都备好了,可命运无常,不知因为什么屁大的一点事不得不拖延一个月,偏就在这一个月里因为一次医疗事故他瘫痪了。女的对他一往情深,等着他,先是等着他病好,没等到;然后还等着他,等着他同意跟她结婚,还是没等到。外界的和内心的阻力重重,一年一年,男的既盼着她来又说服着她走。但一年一年,病也难逃爱也难逃,女的就这么一直等着。

有一次她狠了狠心,调离北京到外地去工作了,但是斩断感情却不这么简单,而且再想调回北京也不这么简单,女的只要有三天假期也迢迢千里地往北京跑。男的那时病更重了,全身都不能动了,和我同住一个病室。女的走后,男的对我说过:你要是爱她,你就不能害她,除非你不爱她,可那你又为什么要结婚呢?男的睡着了,女的对我说过:我知道他这是爱我,可他不明白其实这是害我,我真想一走了事,我试过,不行,我知道我没法不爱他。女的走了男的又对我说过:不不,她还年轻,她还有机会,她得结婚,她这人不能没有爱。男的睡了女的又对我说过:可什么是机会呢?机会不在外边而在心里,结婚的机会有可能在外边,可爱情的机会只能在心里。女的不在时,我把她的话告诉男的,男的默然垂泪。我问他:"你干吗不能跟她结婚呢?"他说:"这你还不懂。"他说:"这很难说得清,因为你活在整个这个世界上。"他说:"所以,有时候这不是光由两个人就能决定的。"

我那时确实还不懂。我找到机会又问女的:"为什么不是两个人就能决定的?"她说:"不,我不这么认为。"她说:"不过确实,有时候这确实很难。"她沉吟良久,说:"真的,跟你说你现在也不懂。"十九年过去了,那对恋人现在该已经都是老人。我不知道现在他们各自在哪儿,我只听说他们后来还是分手了。十九年中,我自己也有过爱情的经历了,现在要是有个二十一岁的人问我爱情都是什么?大概我也只能回答:真的,这可能从来就不是能说得清的。无论她是什么,她都很少属于语言,而是全部属于心的。还是那位台湾作家三毛说得对:爱如禅,不能说不能说,一说就错。那也是在一个童话的结尾处,上帝为我们能够永远地追寻着活下去,设置的一个残酷却诱人的谜语。

二十一岁过去,我被朋友们抬着出了医院,这是我走进医院时怎么也没料到的。我没有死,也再不能走,对未来怀着希望也怀着恐惧。在以后的年月里,还将有很多我料想不到的事发生,我仍旧有时候默念着"上帝保佑"而陷入茫然。但是有一天我认识了神,他有一个更为具体的名字——精神。在科学的迷茫之处,在命运的混沌之点,人唯有乞灵于自己的精神。不管我们信仰什么,都是我们自己的精神的描述和引导。

我的轮椅

史铁生

坐轮椅竟已坐到了第三十三个年头,用过的轮椅也近两位数了,这实在是件没想到的事。1980年秋天,"肾衰"初发,我问过柏大夫:"敝人刑期尚余几何?"她说:"阁下争取再活十年。"都是玩笑的口吻,但都明白这不是玩笑——问答就此打住,急忙转移了话题,便是证明。十年,如今已然大大超额了。

那时还不能预见到"透析"的未来。那时的北京城仅限三环路以内。

那时大导演田壮壮正忙于毕业作品,一干年轻人马加一个秃顶的林洪桐老师,选中了拙作《我们的角落》,要把它拍成电视剧。某日躺在病房,只见他们推来一辆崭新的手摇车,要换我那辆旧的,说是把这辆旧的开进电视剧那才真实。手摇车,轮椅之一种,结构近似三轮摩托,惟动力是靠手摇。一样的东西,换成新的,明显值得再活十年。只可惜,出院时新的又换回成旧的,那时的拍摄经费比不得现在。

不过呢,还是旧的好,那是我的二十位同学和朋友的合资馈赠。其实是二十位母亲的心血——儿女们都还在插队，哪儿来的钱？那轮椅我用了很多年，摇着它去街道工厂干活，去地坛里读书，去"知青办"申请正式工作，在大街小巷里风驰或鼠窜，到城郊的旷野上看日落星出……摇进过深夜，也摇进过黎明，以及摇进过爱情但很快又摇出来。

1979年春节，摇着它，柳青骑车助我一臂之力，乘一路北风，我们去《春雨》编辑部参加了一回作家们的聚会。在那儿，我的写作头一回得到认可。那是座古旧的小楼，又窄又陡的木楼梯踩上去"嗵嗵"作响，一代青年作家们喊着号子把我连人带车抬上了二楼。"斯是陋室"——脱了漆的木地板，受过潮的木墙围，几盏老式吊灯尚存几分贵族味道……大家或坐或站，一起吃饺子，读作品，高谈阔论或大放厥词，真正是一个激情燃烧的年代。

所以，这轮椅殊不可以"断有情"，最终我把它送给了一位更不容易的残哥们儿。其时我已收获几笔稿酬，买了一辆更利远行的电动三轮车。

这电动三轮利于远行不假，也利于把人撂在半道儿。有两回，都是去赴苏炜家的聚会，走到半道儿，一回是链子断了，一回是轮胎扎了。那年代又没有手机，愣愣地坐着想了半晌，只好侧弯下身子去转动车轮，左轮转累了换只手再转右轮。回程时有了救兵，一次是陈建功，一次是郑万隆，骑车推着我走，到家已然半夜。

链子和轮胎的毛病自然好办，机电部分有了问题麻烦就大。幸有三位行家做我的专职维护，先是瑞虎，后是老鄂和徐杰。瑞虎出国走了，后二位接替上。直到现在，我座下这辆电动轮椅——此物之妙随后我会说到——出了毛病，也还是他们三位的事；瑞虎在国外找零件，老鄂和徐杰在国内施工，通过卫星或经由一条海底电缆，配合得无懈可击。

两腿初废时，我曾暗下决心：这辈子就在屋里看书，哪儿也不去了。可等到有一天，家人劝说着把我抬进院子，一见那青天朗照、杨柳和风，决心即刻动摇。又有同学和朋友们常来看我，带来那一个大世界里的种种消息，心就越发地活了，设想着，在那久别的世界里摇着轮椅走一走大约也算不得什么丑事。于是有了平生的第一辆轮椅。那是邻居朱二哥的设计。父亲捧了图纸，满城里跑着找人制作，跑了好些天，才有一家"黑白铁加工部"肯于接受。用材是两个自行车轮、两个万向轮并数根废弃的铁窗框。母亲为它缝制了坐垫和靠背。后又求人在其两侧装上支架，撑起一面木板，书桌、饭桌乃至吧台就都齐备。倒不单是图省钱。现在怕是没人会相信了，那年代连个像样的轮椅都没处买；偶见"医疗用品商店"里有一款，其昂贵与笨重都可谓无比。

我在一篇题为《看电影》的散文中，也说到过这辆轮椅："一夜大雪未停，事先已探知手摇车不准入场（电影院），母亲便推着那辆自制的轮椅送我去……雪花纷纷地还在飞舞，在昏黄的路灯下仿佛一群飞蛾。路上的雪冻成了一道道冰棱子，母亲推得沉重，但母亲心里快乐……母亲知道我正打算写点什么，又知道我跟长影的一位导演有着通信，所以她觉得推我去看这电影是非常必要的，是件大事。怎样的大事呢？我们一起在那条快乐的雪路上跋涉时，谁也没有把握，惟朦胧地都怀着希望。"

那一辆自制的轮椅，寄托了二老多少心愿！但是下一辆真正的轮椅来了，母亲却没能看到。

下一辆是《丑小鸭》杂志社送的，一辆正规并且做工精美的轮椅，全身的不锈钢，可折叠，可拆卸，两侧扶手下各有一金色的"福"字。

除了这辆轮椅，还有一件也是我多么希望母亲看见的事，她却没能看见：1983年，我的小说得了全国奖。

得了奖，像是有了点儿资本，这年夏天我被邀请参加了《丑小鸭》的"青岛笔会"。双腿瘫痪后，我才记起了立哲曾教我的"不要脸精神"，大意是：想干事你就别太要面子，就算不懂装懂，哥们儿你也得往行家堆儿里凑。立哲说这话时，我们都还在陕北，十八九岁。"文革"闹得我们都只上到初中，正是靠了此一"不要脸精神"，赤脚医生孙立哲的医道才得突飞猛进，在陕北的窑洞里做了不知多少手术，被全国顶尖的外科专家叹为奇迹。于是乎我便也给自己立个法：不管多么厚脸皮，也要多往作家堆儿里凑。幸而除了两腿不仁不义，其余的器官都还按部就班，便一闭眼，拖累着大伙儿去了趟青岛。

参照以往的经验，我执意要连人带那辆手摇车一起上行李厢，理由是下了火车不也得靠它？其时全中国的出租车也未必能超过百辆。树生兄便一路陪伴。谁料此一回完全不似以往（上一次是去北戴河，下了火车由甘铁生骑车推我到宾馆），行李厢内货品拥塞，密不透风，树生心脏本已脆弱，只好于一路挥汗、谈笑之间频频吞服"速效救心"。

回程时我也怕了，托运了轮椅，随众人去坐硬座。进站口在车头，我们的车厢在车尾；身高马大的树生兄背了我走，先还听他不紧不慢地安慰我，后便只闻其风箱也似的粗喘。待找到座位，偌大一个刘树生竟似只剩下了一张煞白的脸。

《丑小鸭》不知现在还有没有？那辆"福"字牌轮椅，理应归功其首任社长胡石英。见我那手摇车抬上抬下着实不便，他自言自语道："有没有更轻便一点儿的？也许我们能送他一辆。"瞌睡中的刘树生急忙弄醒自己，接过话头儿："行啊，这事儿交给我啦，你只管报销就是。"胡石英欲言又止——那得多少钱呀，他心里也没底。那时铁良还在"医疗设备厂"工作，说正有一批中外合资的轮椅在试生产，好是好，就是贵。树生又是那句话："行啊，这事儿交给我啦，你去买来就是。"买来了，四百九十五块，1983年呀！据说胡社长盯着发票咋舌。

这辆"福"字牌轮椅，开启了我走南闯北的历史。其实是众人推着、背着、抬着我，去看中国。先是北京作协的一群哥们儿送我回了趟陕北，见了久别的"清平湾"。后又有洪峰接我去长春领了个奖；父亲年轻时在东北林区呆了好些年，所以沿途的大地名听着都耳熟。马原总想把我弄到西藏去看看，我说：下了飞机就有火葬场吗？吓得他只好请我去了趟沈阳。王安忆和姚育明推着我逛淮海路，是在1988年，那时她们还不知道，所谓"给我妹妹挑件羊毛衫"其实是借口，那时我又一次摇进了爱情，并且至今没再摇出来。少功、建功还有何立伟等等一大群人，更是把我抬上了南海舰队的鱼雷快艇。仅于近海小试风浪，已然触到了大海的威猛——那波涛看似柔软，一旦颠簸其间，竟是石头般的坚硬。

又跟着郑义兄走了一回五台山，在"佛母洞"前汽车失控，就要撞下山崖时被一块巨石挡住。大家都说"这车上必有福将"，我心说我呀，没见轮椅上那个"福"字？1996年迈平请我去斯德哥尔摩开会，算是头一回见了外国。飞机缓缓降落时，我心里油然地冒出句挺有学问的话：这世界上果真是有外国呀！转年立哲又带我走了差不多半个美国，那时双肾已然怠工，我一路挣扎着看：大沙漠、大峡谷、大瀑布、大赌城……立哲是学医的，笑嘻嘻地闻一闻我的尿说："不要紧，味儿挺大，还能排毒。"其实他心里全明白。他所以急着请我去，就是怕我一旦"透析"就去不成了。他的哲学一向是：命，干吗用的？单是为了活着？

说起那辆"福"字轮椅就要想起的那些人呢？如今都老了，有的已经过世。大伙儿推着、抬着、背着我走南闯北的日子，都是回忆了。这辆轮椅，仍然是不可"断有情"的印证。我说过，我的生命密码根本是两条：残疾与爱情。

如今我也是年近花甲了，手摇车是早就摇不动了，"透析"之后连一般的轮椅也用着吃力。上帝见我需要，就又把一种电动轮椅泊来眼前，临时寄存在王府井的"医疗用品商店"。妻子逛街时看见了，标价三万五。她找到代理商，砍价，不知跑了多少趟。两万九？两万七？两万六，不能再低啦小姐。好吧好吧，希米小姐（史铁生夫人陈希米）偷着笑：你就是一分不降我也是要买的！

这东西有趣，狗见了转着圈地冲它喊，孩子见了总要问身边的大人：它怎么自己会走呢？据说狗的智力相当于四五岁的孩子，他们都还不能把这椅子看成是一辆车。这东西才真正是给了我自由：居家可以乱窜，出门可以独自疯跑，跳舞也行，打球也行，给条坡道就能上山。舞我是从来不会跳。球呢，现在也打不好了，再说也没对手——会的嫌我烦，不会的我烦他。不过呢，时隔三十几年我居然上了山——昆明湖畔的万寿山。

谁能想到我又上了山呢！

谁能相信，是我自己爬上了山的呢！

坐在山上，看山下的路，看那浩瀚并喧嚣着的城市，想起凡·高给提奥的信中有这样的话："我是地球上的陌生人，（这儿）隐藏了对我的很多要求"，"实际上我们穿越大地，我们只是经历生活"，"我们从遥远的地方来，到遥远的地方去……我们是地球上的朝拜者和陌生人"。

坐在山上，看远处天边的风起云涌，心里有了一句诗：

嗨，希米，希米，

我怕我是走错了地方呢，

谁想却碰见了你！

——若把凡·高的那些话加在后面，差不多就是一首完整的诗了。

坐在山上，眺望地坛的方向，想那园子里"有过我的车辙的地方也都有过母亲的脚印"；想那些个"又是雾罩的清晨，又是骄阳高悬的白昼……"想那些个"在老柏树旁停下，在草地上在颓墙边停下，又是处处虫鸣的午后，又是鸟儿归巢的傍晚……"想我曾经的那些个想："我用纸笔在报刊上碰撞开的一条路，并不就是母亲盼望我找到的那条路……母亲盼望我找到的那条路到底是什么?"

有个回答突然跳来眼前:扶轮问路。是呀,这五十七年我都干了些什么?——扶轮问路,扶轮问路啊!但这不仅仅是说,有个叫史铁生的家伙,扶着轮椅,在这颗星球上询问过究竟。也不只是说,史铁生——这一处陌生的地方,如今我已经弄懂了他多少。更是说,譬如"法轮常转",那"轮"与"转"明明是指示着一条无限的路途——无限的悲怆与"有情",无限的蛮荒与惊醒……以及靠着无限的思问与祈告,去应和那存在之轮的无限之转!

尼采说"要爱命运"。爱命运才是至爱的境界。"爱命运"既是爱上帝——上帝创造了无限种命运,要是你碰上的这一种不可心,你就恨他吗?"爱命运"也是爱众生——设若那一种不可心的命运轮在了别人,你就会松一口气怎的?而凡·高所说的"经历生活",分明是在暗示:此一处陌生的地方,不过是心魂之旅中的一处景观、一次际遇,未来的路途一样还是无限之问。

说死说活

史铁生

一、史铁生≠我

要是史铁生死了,并不就是我死了。——虽然我现在不得不以史铁生之名写下这句话,以及现在有人喊史铁生,我不得不答应。

史铁生死了——这消息日夜兼程,必有一天会到来,但那时我还在。要理解这件事,事先的一个思想练习是:传闻这一消息的人,哪一个不是"我"呢?有哪一个——无论其尘世的姓名如何——不是居于"我"的角度在传与闻呢?

二、生=我

死是不能传闻任何消息的——这简直可以是死的鉴定。那么,死又是如何成为消息的呢?唯有生,可使死得以传闻,可使死成为消息。譬如死寂的石头,是热情的生命使其泰然或冥顽的品质得以流传。

故可将死作如是观：死是生之消息的一种。

然而生呢，则必是"我"之角度的确在，或确认。

三、无辜的史铁生

假设谁有一天站在了史铁生的坟前，或骨灰盒前，或因其死无（需）葬身之地而随便站在哪儿，悼念他，唾弃他，或不管以什么方式涉及他，因而劳累甚至厌倦，这事都不能怨别人，说句公道话也不能怨史铁生。这事怨"我"之不死，怨不死之"我"或需悼念以使情感延续，或需唾弃以利理性发展。总之，怨不死的"我"需要种种传闻来构筑"我"的不死，需要种种情绪来放牧活蹦乱跳的生之消息。

四、史铁生≈我使用过的一台电脑

一个曾经以其相貌、体形和动作特征来显明为史铁生的天地之造物，损坏了，不能运作了，无法修复了，报废了，如此而已。就像一只老羊断了气而羊群还在。就像一台有别于其他很多台的电脑被淘汰了，但曾流经它的消息还在，还在其曾经所联之网上流传。史铁生死了，世界之风流万种、困惑千重的消息仍在流传，经由每一个"我"之点，连接于亿万个"我"之间。

五、浪与水 = 我与"我"

浪终归要落下去，水却还是水。水不消失，浪也就不会断灭。浪涌浪落，那是水的存在方式，是水的欲望（也叫运动），是水的表达、水的消息、水的连接与流传。哪一个浪是我呢？哪一个浪又不是"我"呢？

从古至今，死去了多少个"我"呀，但"我"并不消失，甚至并不减损。那是因为，世界是靠"我"的延续而流传为消息的。也许是温馨的消息，也许是残忍的消息，但肯定是生动鲜活的消息，这消息只要流传，就必定是"我"的接力。

六、永远的生 = 不断地死

有生以来，你已经死掉了多少个细胞呀，你早已经不是原来的你了，你的血肉之躯已不知死了多少回，而你却还是你！你是在流变中成为你的，世界是在流变中成为世界的。正如一个个音符，以其死而使乐曲生。

赫拉克利特说"一个人不能两次踏入同一条河流"，但是，一条河流能够两次被同一个人踏入吗？同样的逻辑，还可以继续问：一个人可以一次踏入同一条河流吗？

七、永恒的消息

但是，总有人在踏入河流，总有河流在被人踏入。踏入河流的人以及被踏入的河流，各有其怎样的尘世之名，不过标明永恒消息的各个片段、永恒乐曲的各个章节。而"我"踏入河流、爬上山巅、走在小路与大道、走过艰辛与欢乐、途经一个个幸运与背运的姓名……这却是历史之河所流淌着的永恒消息。正像血肉之更迭，传递成你生命的游戏。

八、你在哪儿

你由亿万个细胞组成,但你不能说哪一个细胞就是你,因为任何一个细胞的死亡都不影响你仍然活着。可是,如果每一个细胞都不是你,你又在哪儿呢?

同样,你思绪万千,但你不能说哪一种思绪就是你,可如果每一种思绪都不是你,你又在哪儿呢?

同样,你经历纷繁,但你不能说哪一次经历就是你,可如果每一次经历都不是你,你到底在哪儿呢?

九、无限小与无限大

你在变动不居之中。或者干脆说,你就是变动不居:变动不居的细胞组成、变动不居的思绪结构、变动不居的经历之网。你一直变而不居,分分秒秒的你都不一样,你就像赫拉克利特的河,倏忽而不再。你的形转瞬即逝,你的肉身无限短暂。

可是,变动不居的思绪与经历,必定牵系于变动不居的整个世界。正像一个音符的存在,必是由于乐曲中每一个音符的推动与召唤。因此,每一个音符中都有全部乐曲的律动,每一个浪的涌落都携带了水的亘古欲望,每一个人的灵魂都牵系着无限存在的消息。

十、群的故事

有生物学家说:整个地球,应视为一个整体的生命,就像一个人。人有五脏六腑,地球有江河林莽、原野山峦。人有七情六欲，地球有风花雪月、海啸山崩。人之欲壑难填，地球永动不息。那生物学家又说：譬如蚁群，也是一个整体的生命，每一只蚂蚁不过是它的一个细胞。那生物学家还说：人的大脑就像蚁群，是脑细胞的集群。

那就是说：一个人也是一个细胞群，一个人又是人类之集群中的一个细胞。那就是说：一个人死了，正像永远的乐曲走过了一个音符，正像永远的舞蹈走过了一个舞姿，正像永远的戏剧走过了一个情节，以及正像永远的爱情经历了一次亲吻，永远的跋涉告别了一处村庄。当一只蚂蚁（一个细胞，一个人）沮丧于生命的短暂与虚无之时，蚁群（细胞群，人类，乃至宇宙）正坚定地抱紧着一个心醉神痴的方向——这是唯一的和永远的故事。

十一、我离开史铁生以后

我离开史铁生以后史铁生就成了一具尸体，但不管怎么说，白白烧掉未免可惜。浪费总归不好。我的意思是：

1. 先可将其腰椎切开，到底看看那里面出过什么事——在我与之朝夕相处的几十年里，有迹象表明那儿发生了一点儿故障，有人猜是硬化了，有人猜是长了什么坏东西，具体怎么回事一直不甚明了。我答应过医生，一旦史铁生撒手人寰，就可以将其剖开看个痛快。那故障以往没少给我捣乱，但愿今后别再给"我"添麻烦。

2. 然后再将其角膜取下，谁用得着就给谁用去，那两张膜还是拿得出手的。其他好像就没什么了。剩下的器官早都让我用得差不多了，不好意思再送给谁——肾早已残败不堪，血管里又淤积了不少废物,因为吸烟,肺叶必是脏透了。大脑么,肯定也不是一颗聪明的大脑,不值得谁再用,况且这东西要是还能用,史铁生到底是死没死呢?

十二、史铁生之墓

上述两种措施之后,史铁生仍不失为一份很好的肥料,可以让它去滋养林中的一棵树,或海里的一群鱼。

不必过分地整理他,一衣一裤一鞋一袜足矣,不非是纯棉的不可。物质原本都出于一次爆炸。其实,他曾是赤条条地来,也该让他赤条条地去,但我理解伊甸园之外的风俗,何况他生前知善知恶、欲念纷纭,也不配受那园内的待遇。但千万不要给他整容化妆,他生前本不漂亮,死后也不必弄得没人认识。就这些。然后就把他送给鱼或者树吧。送给鱼就怕路太远,那就说定送给树。倘不便囫囵着埋在树下,烧成灰埋也好。埋在越是贫瘠的土地上越好,我指望他说不定能引起一片森林,甚至一处煤矿。

但要是这些事都太麻烦,就随便埋在一棵树下拉倒,随便撒在一片荒地或农田里都行,也不必立什么标识。标识无非是要让我们记起他。那么反过来,要是我们会记起他,那就是他的标识。在我们记起他的那一处空间里甚至那样一种时间里,就是史铁生之墓。我们可以在这样的墓地上做任何事,当然最好是让人高兴的事。

十三、顺便说一句:我对史铁生很不满意

我对史铁生的不满意是多方面的。身体方面就不苛责他了

吧。品质方面，现在也不好意思就揭露他。但关于他的大脑，我不能不抱怨几句，那个笨而又笨的大脑曾经把我搞得苦不堪言。那个大脑充其量是个三流大脑，也许四流。以电脑作比吧，他的大脑顶多算得上是"286"——运转速度又慢（反应迟钝），贮存量又小（记忆力差），很多高明的软件（思想）他都装不进去（理解不了）——我有多少个好的构思因此没有写出来呀，光他写出的那几篇东西算个狗屁！

十四、一件疑案

在我还是史铁生的时候我就说过：我真不想是史铁生了。也就是说，那时我真不想是我了，我想是别人，是更健康、更聪明、更漂亮、更高尚的角色，比如张三，抑或李四。但这想法中好像隐含着一些神秘的东西：那个不想再是我的我，是谁？那个想是张三抑或李四抑或别的什么人的我，是谁呢？如果我是如此地不满意我，这两个我是怎样意义上的不同呢？如果我仅仅是我，仅仅在我之中，我就无从不满意我。就像一首古诗中说的，"不识庐山真面目，只缘身在此山中"。

如果我不满意我，就说明我不仅仅在我之中，我不仅仅是我，必有一个大于我的我存在着——那是谁？是什么？在哪儿？不过这件事，恐怕在我还与史铁生相依为命的时候，是很难有什么确凿的证据以正视听了。

但是有一种现象，似对探明上述疑案有一点儿启发——请到处去问问看，不肯定在哪儿，但肯定会有这样的消息：我就是张三。我就是李四。以及，我就是史铁生。甚至，我就是我。